TU PRIMER LIBRO DE COCINA

¿Qué haré de comer?

•MARUCA•

◆

A mi familia, con todo mi amor.

A mamama, mi adorada madre.

A mis amigas, mi agradecimiento.

◆

TU PRIMER LIBRO DE COCINA

¿Qué haré de comer?

•MARUCA•

NORIEGA
EDITORES

México • España • Venezuela • Argentina
Colombia • Puerto Rico

Coordinadora de la edición: Maruca Noriega de Kuri MDG

Fotógrafo: Jorge Contreras Chacel

Producción
Fotografica: Lorenza Caraza

Investigación
y elaboración
fotográfica: Patricia Quintana

Miembro de la Cámara Nacional de la Industria
Editorial Mexicana. Registro número 121

Primera edición: 1992
Impreso en México
(7879)

ISBN 968-18-4359-2

PRÓLOGO

*C*ocinar es un acto de amor.

Cotidiano.

Las amas de casa lo practican, día a día, con devoción.

En esencia, cada mujer representa al elemento femenino que, en su conjunto, ha logrado en la cocina un refinamiento tan delicioso.

Tal excelencia culinaria proviene de crear o modificar recetas que, muchas veces, van transmitiéndose de generación en generación con la cautela de un secreto guardado celosamente, igual que se atesora un patrimonio familiar.

En ocasiones tales recetas son tantas y tan especiales, que parientes o amigos sugieren: —¿Por qué no dejar constancia, por escrito, de tal riqueza? —Es entonces cuando el silencio se rompe y la sabiduría del ama de casa se organiza, se escribe o se dicta. El fruto, cuando está bien logrado —como es el caso de la presente obra— es un libro, un texto que resume conocimientos, buen gusto, destreza, criterio, alegría, amistad y talento y, en no pocas páginas, el hálito de la creación.

De espíritu universal y didáctico, ¿QUÉ HARÉ DE COMER? es un libro que se desenvuelve con la sencillez que sólo se logra mediante un conocimiento profundo de la materia que se está tratando y del público al que se le está hablando.

La idea es entrar a la cocina con el espíritu tranquilo —aun la recién casada—, y disfrutar con la preparación, desde sopas y huevos, hasta postres, pasando por salsas, ensaladas, pescados, mariscos, carnes rojas y carnes blancas, platillos mexicanos y delicias provenientes de la cocina internacional.

En resumen, este tesoro culinario significa disponer de fórmulas diferentes para cada día del año. La claridad de sus explicaciones y el rigor de sus medidas y cantidades, si se siguen fielmente, constituyen una guía certera, no importando si se tiene o no experiencia. ''Se hace camino al andar'' es la sabia, elocuente lección que Maruca ha adoptado para que sus conocimientos sean aprovechados , primero, por sus hijos, y después, abriendo el círculo, por toda persona deseosa de entrar a la cocina con la seguridad que proporciona un conocimiento adecuado del qué y el cómo.

¿QUÉ HARÉ DE COMER? constituye el homenaje de una familia de gran tradición a quien es su ama y señora: doña Maruca Arias de Noriega.

Dra. Guadalupe Pérez San Vicente
Presidenta de la Sociedad Mexicana de Gastronomía y Enología

CONTENIDO

| INTRODUCCIÓN | 13 |

| TÉRMINOS CULINARIOS | 15 |

| CONOCE TUS HIERBAS | 18 |

| BOCADILLOS | 21 |

Bocadillos de queso, 21. Ensalada de huevo, 22. Sandwiches de pepino, 22. Nachos, 22. Guacamole, 23. Guacamole con granada, 23. Guacamole sencillo, 23. Cuaresmeños rellenos de atún, 24. Mousse de aguacate, 24. Queso Roquefort, 25. Queso con ajonjolí ''Amalia'', 25. Queso con epazote, 25. Queso ''Valeria'', 26. Dip de ostiones ahumados, 26. Dip de queso parmesano, 26. Dip ''Confeti'', 27. Dip de atún, 27. Dip de aguacate, 27. Dip de chipotle, 28. Dip de sardinas, 28. Tortas marinas, 28. Pizzitas, 28. Cerezas con tocino, 29. Antojitos mexicanos, 29. Hojaldras con chorizo, 29.

| PONCHES Y BEBIDAS | 31 |

Café, 31. Té, 31. Té de hierbas (tisana), 32. Chocolate, 32. Ponche de limón ''Adelita'', 32. Ponche de fresa, 33. Ponche feliz, 33. Ponche caliente, 33. Egg-nog, 34. Tom y Jerry, 34. Cocktail de novia, 35. Martini seco, 35. Manhattan, 35. Margarita, 35. Rob Roy, 36. Whisky sour, 36. Gimlet, 36. Daiquirí (de limón o fresa), 36. Old-fashioned, 37. Cuba libre, 37. Cow shot, 37. Honolulú, 37. Tom Collins, 38. ''En las rocas'', 38. Bloody Mary, 38. Piña colada, 38. Gin o vodka tonic, 39. Beso siciliano, 39. Bloque o corona de hielo, 39.

HUEVOS 41

Huevos cocidos, 41. Huevos tibios, 41. Huevos poché, 42. Huevos revueltos, 42. Huevos con tocino, 42. Huevos con chorizo, 42. Huevos con jamón, 42. Huevos rellenos, 43. Huevos estrellados, 43. Huevos rancheros, 44. Huevos "Esther", 44. Huevos ahogados, 44. Huevos con rajas, 45. Huevos con machaca, 45. Huevos con crema "Eddie", 46. Huevos a la mexicana, 46. Quiche Lorraine, 46. Omelets, 47.

SALSAS 49

Puré base de jitomate, 49. Salsa verde base, 49. Salsa mexicana, 50. Salsa roja, 50. Salsa de tomate verde, 50. Salsa champurrada, 51. Salsa de queso, 51. Salsa de chipotle, 51. Salsa para pescado, 52. Salsa para carnes frías, 52. Bechamel o blanca, 52. Salsa holandesa rápida, 53. Suprema, 54. Salsa tártara, 54. Salsa curry "Dora", 54. Aderezos para ensaladas, 55. Mayonesa casera, 56. Salsa campesina, 56. Salsa borracha, 57. Allioli "Isabel", 57.

PLATILLOS MEXICANOS 59

Chilaquiles poblanos, 59. Chilaquiles verdes, 59. Chilaquiles rojos, 60. Enchiladas de mole, 60. Enchiladas verdes o rojas, 60. Enchiladas con nata, 61. Quesadillas, 61. Quesadillas sincronizadas, 63. Budín de flor de calabaza, 63. Pozole, 64. Tamales, 65. Chiles rellenos, 66. Chiles fingidos, 67. Chiles en nogada, 67. Frijoles de la olla, 68. Frijoles negros, 68. Frijoles refritos, 68. Frijoles rancheros, 68. Frijoles puercos "Lucila", 69. Frijoles "Esther", 69. Corona de frijol "Socorro", 69. Tacos, 70. Tostadas, 70. Chalupas y sopes, 71. Peneques, 71. Chicharrón, 71. Pastel de pobre, 71. Revoltijo, 72. Tortitas de camarón seco, 72. Taquitos de semillas de calabaza (papadzules), 72. Enchiladas de mole con chicharrón, 73.

SOPAS, ARROZ Y PASTA 75

Caldo de pollo, 75. Puré base de jitomate, 76. Caldo base para sopas, 76. Sopa de letras, 77. Sopa de verduras, 77. Sopa de zanahoria, 78. Sopa de apio, 78. Sopa de lechuga, 78. Sopa de poro y papa, 78. Sopa de espinaca, 79. Sopa de pescado, 79. Sopa de queso, 79. Sopa de elote, 80. Sopa de lenteja, 80. Sopa de flor de calabaza, 80. Caldo ranchero, 81. Fideo azteca, 81. Sopa de hongos "Paloma", 82. Puchero, 83. Migas y sopa de ajo, 83. Sopa de cola de res, 84. Sopa de cabitos de acelga, 84. Crema de queso con calabacitas y elotes, 85. Vichyssoise, 85. Crema fría de berros, 86. Gazpacho, 86. Arroz, 86. Arroz blanco, 87. Arroz rojo, 88. Arroz verde, 88. Arroz negro, 88. Arroz amarillo, 89. Arroz con elotes y rajas, 89. Arroz con naranja, 89. Pilaf de limón, 90. Arroz au gratín, 90. Soufflé de arroz, 91. Arroz con pollo, 91. Pasta, 92. Lasagna, 92. Spaghetti con jitomate, 93. Spaghetti bolognesa, 93. Tallarín con crema, 93.

VERDURAS Y ENSALADAS 95

Pisto verde, 97. Elotes cocidos, 97. Elotes con rajas, 98. Elotes con calabacitas y carne de puerco, 98. Torta de elote, 98. Torta de elote con carne de puerco y rajas, 99. Buñuelos de elote, 99. Brócoli, 100. Tortitas de coliflor, 100. Nopales con charales, 100. Ensalada de nopales, 101. Acelgas con papas, 101. Papas gratinadas, 102. Papas con champiñones, 102. Ensalada de papas, 102. Puré de papas, 103. Papas francesas, 103. Cáscaras con tocino, 103. Papa al horno, 104. Camotes amarillos con miel, 104. Puré de camote, 104. Puré de camote con malvaviscos, 104. Puré de camote con naranja, 105. Ensalada de espinacas, 105. Ensalada de berros y naranja, 105. Ensalada de lechuga, 106. Ensalada de pepinos a la francesa, 106. Ensalada de pepinos con eneldo, 106. Ensalada de pavo y fruta, 107. Ensalada de atún, 107. Ensalada de pollo, 107. Ensalada de camarones, 108. Ensalada de pimientos, 108. Ensalada de aguacate y queso, 109. Ensalada de mozzarella y jitomate, 109.

PESCADOS Y MARISCOS 111

Huachinango con mostaza y crema, 111. Huachinango al mojo de ajo, 112. Huachinango o robalo en salsa de uvas, 112. Conchas de pescado, 113. Conchas de jaiba, 113. Conchas de camarones frescos, 113. Conchas de jaiba "Paloma", 114. Filetes de pescado rebozados, 114. Filetes de sol con nueces (lenguado), 115. Mousse de atún, 115. Mousse de mariscos, 116. Pescado en salsa Excélsior, 116. Pescado relleno "Soco", 117. Pastel de pescado, 117. Robalitos con tocino, 118. Dedos empanizados, 118. Delicia de atún, 119. Zarzuela de pescado y mariscos "Estrella", 119. Pulpos en escabeche "Gloria", 120. Pulpos marinera, 120. Salmón ahumado, 121.

CARNES Y POLLO 123

Carne asada, 124. Milanesas, 124. Bisteces encebollados, 124. Bisteces empanizados, 125. Bisteces de carne molida "Pacholas", 125.

Hamburguesas, 125. Albóndigas, 126. Albóndigas con chipotle seco, 126. Albóndigas con chipotle adobado, 126. Picadillo, 127. Pastel de carne, 127. Roast beef, 127. Res en trozo, 128. Ropa vieja, 128. Salpicón, 129. Falda "ranchera", 129. Tinga, 130. Empuje de res con cerveza, 130. Cuete en frío, 130. Cuete en vinagreta "Chuqui", 131. Filete tampiqueña, 131. Filete con mostaza, 132. Filete al horno, 132. Ternera con almendras, 133. Hígado encebollado, 133. Hígado con tocino, 134. Mortadela con chipotle, 134. Mortadela con rajas, 134. Corona de jamón "Julia", 134. Asado de San Francisco, 135. Lomo con costilla en acordeón, 135. Lomo de puerco en naranja, 136. Lomo de puerco con champiñones, 136. Lomo de puerco con chipotle, 136. Lomo de puerco en verde, 137. Lomo de puerco con Coca-Cola, 137. Jamón o chuletas ahumadas con piña, 137. Pollo en chícharo, 138. Pollo Hong Kong. 138. Pollo empanizado, 139. Pollo en salsa de champiñones, 139. Pollo a la montañesa, 139. Pollo a la uva, 140. Pechugas parmesanas, 140. Pechugas con naranja, 141. Pechugas en salsa verde, 141. Pechugas en chipotle, 141. Pechugas con nuez, 142. Pechugas con cerveza, 142. Croquetas de pollo, 143

POSTRES 145

Crema de Nantes, 145. Flan, 146. Flan con frutas "Irma", 146. Postres fáciles de fruta, 147. Corona de higos, 147. Corona de chicozapote, 147. Compota de papaya y naranja, 147. Fruta en almíbar, 148. Cocada, 148. Arroz con leche, 149. Natillas, 149. Copos de nieve, 149. Tartaletas de fruta, 150. Pastelitos para té, 150. Gelatinas, 151. Gelatina de moscatel, 151. Gelatina de frutas, 151. Gelatina de Piña "Julia", 152. Gelatina de coco "Yaya", 152. Dulce de zapote, 153. Manzanas al horno, 153. Crema pastelera, 153. Capirotada, 154. Crepas, 154. Crepas de cajeta, 155. Blintzes-crepas con queso, 155. Gelatina de cajeta "Becky", 155. Mousse de fresa "Mayalen", 156. Bavaresa de mango, 156. Bavaresa de chocolate, 156.

PANES Y PASTELES 159

Notas prácticas, 159. Panqué básico, 161. Corona de frutas, 161. Pan de plátano y nuez, 162. Panqué de chocolate, 163. Panqué de dos yemas, 163. Pan de manzana y nuez, 164. Pan de manzana, 164. Pasta hojaldre, 165. Pastel mil hojas, 165. Crema pastelera, 166. Hojaldre con frutas, 166. Rollo de manzana, 166. Pay, 167. Pay de piña, 168. Pay de queso rápido, 168. Pay de limón helado "Norma", 169. Pay de manzana (doble costra), 169. Pastel chiffón de naranja, 170. Pastel rápido de nuez "Pat", 170. Pastel de queso con zarzamora "Araceli",

171. Pastel de chocolate de luxe, 172. Pastel de chocolate con coco y nuez, 173. Pastel volteado, 174. Pastel ligero "Paloma", 174.

GALLETAS 177

Emparedados "Adelita", 178. Polvorones, 178. Figuritas de naranja, 178. Medias lunas de limón, 179. Coronas de coco, 179. Galletitas de almendra, 180. Galletas de nata, 180. Galletas de nata "Paloma", 181. Galletas navideñas, 181. Galletas de chocolate, 181. Palitos franceses de nuez, 182. Galletas mantequilla "Chuqui", 182. Mantecadas, 183. Galletas de nuez refrigeradas, 183. Polvorones de nuez, 183. Cuadritos de queso crema, 184. Cuadritos de manzana, 184. Brownies, 185. Brownies de coco, 185. Pastitas de claras, 186. Dedos de almendra, 186. Galletas suecas, 187.

PLATOS DE ÚLTIMA HORA 189

Notas prácticas, 189. Palitos de queso, 190. Tortillitas poblanas, 190. Diamantes de pasta hojaldrada, 190. Galletas de coco, 191. Soufflé de queso y jamón, 191. Pizza, 191. Budín de tamal, 192. Cuadritos chorizo, 192. Sandwich de huevo, 192. Sandwich de atún, 193. Sandwich de ensalada de pollo, 193. Sandwich de jamón y queso, 193. Molletes, 194. Salsa mexicana, 194. Molletes dulces, 194. Pechugas "Cordon Bleu", 194. Taquitos de queso al horno, 195. Indios vestidos, 195. Tortas compuestas, 196. Strudel de pollo y hongos, 196.

ÍNDICE 197

INTRODUCCIÓN

*E*ste libro es una base para aprender a cocinar. He tratado de que sea lo más sencillo posible. . . un instructivo que me hubiera gustado tener cuando me casé. Con estas bases después podrás seguir los libros de alta cocina, pero como en todo, hay que empezar desde el principio.

Al inicio aparece un glosario de los términos culinarios más usados en la elaboración de las recetas, para que cuando aparezcan puedas aclarar cualquier duda.

Las cantidades de los ingredientes están calculadas para obtener de seis a ocho porciones.

Ojalá disfrutes la elaboración de estas recetas que he ido simplificando a través de los años. Hay que improvisar; muchas veces no tienes los ingredientes que se necesitan para preparar determinada receta. . . experimenta con diferentes hierbas, usándolas con discreción, y tú misma te sorprenderás de los resultados. Y, lo que es más interesante, de tu propia creación.

Cuando sirvas tus platillos adórnalos con ingredientes que tengas a la mano. No solamente vacíes las cosas, acomódalas de manera que no sólo sean agradables al paladar. . . recuerda que de la vista nace el amor.

Haz uso de los sobrantes, generalmente con ellos se pueden preparar sopas riquísimas o añadir a un platillo de carne y convertirlo en algo diferente.

Cocina con gusto, es muy importante. Piensa que si lo tienes que hacer, hay que saberlo disfrutar.

Si estás muy ocupada durante el día, en las noches puedes adelantar poniendo a cocer lo que te haga falta para el día siguiente o preparar el postre. Hay guisados que elaborados desde la víspera son más sabrosos. Divide tu trabajo y te parecerá menos pesado.

¡Adelante y buena suerte!

Maruca

TÉRMINOS CULINARIOS

*E*stos términos son muy usados en la cocina y conviene que conozcas su significado, para que puedas seguir la receta sin problemas. Dentro de las recetas si se menciona cualquiera de estos términos, aparecerá un asterisco junto para que recuerdes que este término se define en esta sección.

ACITRONAR: Freír cebolla, poro, papas, etc., hasta lograr una apariencia transparente.

ASAR: Poner carne o cualquier alimento sin grasa a fuego directo.

BAÑO MARÍA: Poner al fuego un recipiente con agua y encima de éste otro que contenga lo que se desee calentar. Este calentamiento evita que los alimentos se resequen, se peguen o se corten los que contienen leche o crema.

CAPEAR: Separar el huevo. Batir la yema durante 5 minutos y después batir la clara separadamente a punto de turrón. Añadir ésta con movimiento envolvente hasta que desaparezca lo blanco de la clara. Se sazona con sal y pimienta. Los alimentos se enharinan con anterioridad y se meten con el huevo hasta cubrirlos en su totalidad para después freírlos.

CHILES POBLANOS: Los chiles poblanos se ponen sobre un comal y se voltean con frecuencia para que se tuesten parejos hasta que se les hagan ampollas y se desprenda todo el pellejo. Se abren verticalmente con un cuchillo y se les quitan las semillas y el tallo. Para chiles rellenos se deja el tallo y se trabajan con cuidado de no romperlos.

COCER: Poner carne, verdura o cualquier otro alimento en agua y obtener el término deseado de suavidad.

CREMA BATIDA: Se utiliza crema especial para batir.
Para ¼ de litro de crema se usa aproximadamente 1 taza de azúcar glass y 1 cucharadita de extracto de vainilla. La crema debe estar muy fría. Con la batidora al máximo se bate la crema. Ya que endureció se agrega el azúcar y la vainilla envolviendo. Se vuelve a batir con cuidado pero procurando no exagerar porque es fácil que se convierta en mantequilla.

CUAJAR: Gelatinas, dulces confeccionados con leche, salsas con maicena. Todos estos alimentos deben cuajar, es decir, lograr una consistencia firme.

DESFLEMAR: En un recipiente hondo se coloca el ingrediente y se cubre con agua con sal; se deja por espacio de 1 hora.

DESLEÍR: Disolver con líquido utilizando una pala de madera para mezclar.

ESPUMAR: Sacar la espuma que suelta la carne al hervir con una cuchara perforada.

FLAMEAR: Poner sobre la flama las piezas de pollo para quemar pelo y pluma sobrantes. En caso de no tener estufa de gas se utiliza alcohol. Se coloca un pedazo de algodón empapado en el alcohol y se prende.

FRAPÉ: Batir. En el caso del hielo, éste se debe moler casi hasta pulverizarlo.

FREÍR: Cocinar los alimentos con grasa.

GLASEAR: Cubrir con alguna preparación para abrillantar los pasteles, carnes, aves, etc.

GRATINAR: Hornear el queso hasta que se derrita.

HERVIR: Poner en la lumbre una cacerola con agua, leche o cualquier otro líquido hasta que empiece a hacer burbujas.

HIERBAS DE OLOR: Tomillo, mejorana y laurel. Se conocen también como *bouquet garni* o hierbas finas. Se usan en cantidades muy pequeñas, sobre todo el laurel, porque son de sabor muy penetrante.

MARINAR O MACERAR: Dejar reposar, bañando con la salsa especificada por varias horas.

PUNTO CARAMELO: Para preparar el caramelo es mejor tener un termómetro especial, pero si no se cuenta con él, para lograr el punto deseado se coloca una taza de agua fría cerca de la estufa y después de que el agua y el azúcar han hervido durante aproximadamente 20 minutos, se ponen unas gotas en el agua fría; si al tocarlos entre el índice y el pulgar se siente suave es bola suave, y cuando se toca y es duro, es punto duro.

Para los flanes y otros postres se pide caramelo; esto se logra poniendo únicamente azúcar en una cacerola a que se licue y se oscurezca. Se debe vaciar inmediatamente en el molde que se utilizará, el cual debe ser de aluminio pues se cristaliza al instante (debe tenerse mucho cuidado pues una quemada con caramelo es dolorosa).

PUNTO DE LISTÓN O CORDÓN: Se baten las yemas hasta que al alzar el batidor se forme un listón o cordón.

PUNTO DE TURRÓN O NIEVE: A temperatura ambiente se baten las claras hasta que después de unos minutos, al voltear el molde en que se están preparando, no se escurran. Puede levantar también el batidor y el punto se logra cuando se forman picos firmes. Se debe tener cuidado de no batirlas más de lo necesario porque se resecan o se bajan. Generalmente se emplean para: merengues, mousses, bavaresas y para capear.

RAJAS: Ver Chiles Poblanos.

RECAUDO: Se fríen los ingredientes base como: jitomate, cebolla, ajo, etc., que sirven para sazonar el platillo.

SAZONAR: Poner sal y pimienta, y en ocasiones otras especias, hasta que el guiso sea agradable al paladar.

TOSTAR: Cocinar los alimentos sin grasa en el horno o a fuego directo.

CONOCE TUS HIERBAS

*C*onoce con qué usar las hierbas más populares. Existen hierbas que realzan el sabor de tus platillos, úsalas con discreción y descubrirás nuevos sabores.

- ■ Albahaca. Se emplea con jitomates en una ensalada; con berejenas, calabacitas y con las pastas como spaghetti, tallarín, etc. A la sopa de verduras le da un agradable sabor.

- ■ Bouquet garni. Generalmente a base de perejil, tomillo, mejorana y laurel; se utilizan para guisados y sopas.

- ■ Cebollín: Más fino que la cebolla, usado en omelets, con jitomate y junto con la crema, en las papas asadas en el horno.

- ■ Cilantro: Indispensable para nuestros platillos mexicanos. También usado ampliamente en la India, China y Tailandia. Úsalo generosamente en salsas de chile, guacamole, sopas, frijoles y guisados.

- ■ Epazote: Es incomparable para los frijoles e igualmente para sopas, huevos y guisados.

- ■ Eneldo: Para cualquier clase de pescado blanco. Delicioso con papas, pepinos y ensalada de huevo.

- ■ Hierbas finas: Mezcla de perejil, chervil, cebollín y tarragón. A las sopas caldadas, huevos y algunos platos de pescado les da un toque diferente.

- ■ Laurel: Estas hojas son usadas en caldos de pescado, consomés, guisados, salsas, etc. Pueden conservarse secas hasta por un año porque después van perdiendo su sabor.

■ Mejorana: Tiene un uso muy variado pues va bien con ensaladas, cordero, guisados de pollo o res.

■ Menta: De la misma familia de la hierbabuena pero de un sabor más fuerte. Se usa para el cordero, chícharos muy tiernos, papitas; también con mariscos y postres de naranja fresca.

■ Orégano: Las hojas secas le añaden sabor al pescado, asado y desde luego a las pizzas y salsas de jitomate para el spaghetti. Sensacional con jitomate y queso.

■ Perejil: Hay varias clases pero el de hoja plana es el mejor; sin embargo cualquiera de ellos aumentará el sabor de casi todos los platillos, especialmente en salsas de jitomate para pescados y pastas.

■ Romero: Usalo con ternera, puerco y en la mantequilla en que frías la cebolla y las papas.

■ Salvia: Para rellenos de aves, asados de puerco y salchichas.

■ Tarragón: Conocido también como "estragón"; es una hierba deliciosa que aumenta el sabor del pollo, jamón, ensaladas, salmón y trucha.

■ Tomillo: Un elemento atractivo sugerido para guisados de pollo y ternera.

■ Yerbabuena: Para tisanas y caldos de haba, de verduras y algunos guisados de res.

BOCADILLOS

*P*ara la preparación de los bocadillos se utilizan diferentes tipos de pan: de caja, negro, de centeno, etc., el cual se corta con cortadores de galletas de diferentes formas: en cuadritos, tiras, triángulos o diamantes, según los rellenos. El pan se unta con mantequilla suavizada o queso crema.

BOCADILLOS DE QUESO

¹/₄ de taza de mayonesa
100 gramos de queso amarillo rallado
10 rebanadas de pan blanco en cuadritos
paprika (pimentón en polvo)
rajas de chiles en vinagre para adorno

Se bate la mayonesa con el queso y con esta mezcla se untan las rebanadas del pan; se espolvorean con el pimentón y se colocan en una charola de horno. Se meten al horno (175°C ó 350°F) durante 15 minutos. Al salir se adornan con un pedazo de chile encima.

ENSALADA DE HUEVO

pan blanco de caja
¹/₄ de taza de mantequilla suavizada
¹/₃ de taza de mayonesa
2 huevos cocidos y picados
¹/₂ cucharadita de cebolla picada finamente
eneldo

Se embarra el pan con mantequilla, habiéndolo cortado previamente con algún cortador. La mayonesa se mezcla con los huevos y la cebolla. Se va colocando la mezcla encima del pan. Se sirven fríos. Se espolvorean con eneldo.

SANDWICHES DE PEPINO

pan blanco de caja
¹/₄ de taza de mayonesa
1 pepino rebanado muy delgado
eneldo

Se corta el pan en la forma deseada y se unta de mayonesa. Se colocan 2 ó 3 rebanadas de pepino en cada sandwichito y se espolvorea con eneldo.

NACHOS

1 lata de leche evaporada
1 frasco de queso amarillo suave
1 paquete de tostadas en triángulos
2 jitomates pelados y picados
1 lata chica de chiles en vinagre picados

Se mezcla la leche con el queso y se pone a fuego lento hasta que el queso esté completamente fundido. Se mantiene caliente. Las tostadas se colocan en un platón y el jitomate y los chiles en diferentes tazones. El queso se pone en una jarra para que cada persona los prepare a su gusto.

GUACAMOLE

2 aguacates
1 jitomate
cilantro
sal al gusto

Los aguacates para preparar el guacamole deben estar suaves al tacto. Se pelan y se les quita el hueso. Se machacan con un tenedor hasta lograr hacer un puré. El jitomate se pela, ya sea metiéndolo en agua hirviendo durante un minuto y sacándolo inmediatamente porque si no se cuece, o raspándolo con un cuchillo, lo cual hace que el pellejo se desprenda fácilmente. Se mezclan todos los ingredientes. Al cilantro se le quitan los tallitos y se utilizan únicamente las hojas. La cantidad de los ingredientes puede variar.

GUACAMOLE CON GRANADA

2 aguacates
sal al gusto
5 ramitas de cilantro
1 granada roja

Se procede como se indica en la receta anterior y se adorna con los granitos de la granada.

GUACAMOLE SENCILLO

2 aguacates
sal al gusto
1 cucharada de aceite de oliva
1 cucharada de agua

Se mezclan todos los ingredientes.

Nota: El aguacate tiende a ponerse negro en cuanto se le quita la cáscara, por eso debe prepararse con poca anticipación.
   El jugo de limón, rociado sobre el aguacate, evita que éste se oscurezca rápidamente.

CUARESMEÑOS RELLENOS DE ATÚN

30 chiles cuaresmeños o jalapeños
2 cebollas grandes rebanadas
1 cucharadita de pimienta gorda
1 clavo
¼ de taza de aceite
hierbas de olor*
1 cucharadita de pimienta gorda
1 clavo
⅛ de cucharadita de orégano en polvo
1 cucharadita de sal
¼ de taza de vinagre
1 lata de atún grande, o dos chicas
¼ de kilo de queso añejo desmoronado

Se desvenan los chiles y se remojan en agua de sal durante ½ hora. Se escurren y se fríen hasta que el pellejito se reviente, entonces se le agrega la cebolla y todos los demás ingredientes excepto el atún y el queso y se fríen ligeramente, agregando la sal y el vinagre. Se añade 1 taza de agua y se tapan hasta que se cuezan. Se escurren, se rellenan de atún y se acomodan en el platón con la cebolla encima y el queso espolvoreado.

MOUSSE DE AGUACATE

2 sobres de gelatina sin sabor
½ taza de agua hirviendo
⅛ de litro de crema (½ taza)
8 aguacates medianos
2 chiles serranos
1 queso crema grande
3 ramas de cilantro (opcional)
sales de apio, cebolla y ajo

La grenetina se disuelve en el agua y después se muele en la licuadora con el resto de los ingredientes.
Se unta con mayonesa un molde de gelatina y se vierte lo anterior en él. Se cuaja en aproximadamente 3 horas en el refrigerador.

QUESO ROQUEFORT

8 rebanadas de pan negro
50 gramos de queso Roquefort
1 queso crema chico

Se corta el pan en tiritas. Se baten los dos quesos desbaratando bien el Roquefort hasta lograr una mezcla suave. Se coloca una porción sobre el pan y se hornea (175°C ó 350°F) durante 15 minutos. Se sirven calientes.

QUESO CON AJONJOLÍ "AMALIA"

1 queso crema
2 cucharadas de salsa soya
20 gramos de ajonjolí tostado

Este queso se puede preparar desde la víspera. Se baña el queso con la salsa de soya y se cubre con el ajonjolí tostado. Se sirve con galletas o cuadritos de pan tostado.

El ajonjolí se pone al fuego en una sartén, se menea constantemente con una cuchara hasta lograr un dorado parejo. Se debe tener cuidado porque brinca mucho.

QUESO CON EPAZOTE

1 queso panela
3 ramas de epazote
3 chiles serranos
¹/₄ de taza de aceite de oliva

Se rebana el queso. Se pican solamente las hojas del epazote y los chiles y se revuelven con el aceite; con esto se baña el queso.

QUESO "VALERIA"

1 pan campesino
1 baguette
¼ de taza de mayonesa
½ litro de crema
150 gramos de queso Cabrales o Roquefort

Al pan campesino se le quita la tapa y se ahueca. La baguette se corta en cuadritos. Los demás ingredientes se baten perfectamente y con esto se rellena el pan. Se mete al horno durante 15 minutos y la baguette se coloca con tenedores largos para bañarse con el queso.

En lugar del queso Roquefort se pueden emplear ostiones ahumados.

DIP DE OSTIONES AHUMADOS

1 lata de ostiones ahumados
1 queso crema grande
¼ de litro de crema agria

Se colocan todos los ingredientes en la batidora hasta lograr una consistencia cremosa.

DIP DE QUESO PARMESANO

1 queso crema grande
½ taza de mayonesa
sal de ajo
⅓ de taza de queso parmesano
1 pizca de orégano
15 almendras saladas y tostadas
5 ramitas de perejil

El queso debe sacarse del refrigerador un poco antes de su preparación para que no esté duro. Se bate hasta acremarlo con una pala de madera o en la batidora y se le añaden los demás ingredientes; se mezcla perfectamente. Se hace la forma de una piña y se adorna con las almendras y el perejil.

Las almendras se pueden comprar ya tostadas o se ponen a hervir y en cuanto sueltan el hervor se les pone agua fría. Se pelan, partiéndolas a la mitad a lo largo; se doran en mantequilla y se añade un poco de sal. Se ponen en un papel absorbente para quitarles el exceso de grasa.

DIP "CONFETI"

¼ *de taza de pepino picado finamente*
sal al gusto
1 sobre de dip de cebollas tostadas
1 taza de crema agria
¼ *de taza de pimiento verde picado finamente*
¼ *de taza de pimiento rojo picado finamente.*

Se rocía el pepino con la sal y se aparta. Se mezclan los demás ingredientes. Se pone el pepino en un colador oprimiendo para que suelte el agua y se añade a la mezcla anterior. Enfríese por lo menos 1 hora antes de servirlo.

DIP DE ATÚN

1 lata chica de atún en aceite
1½ *tazas de crema agria*
½ *taza de aderezo para ensaladas italiano (ver ensaladas)*
1 cucharada de jugo de limón
1 huevo cocido picado finamente

El atún se pone en un colador para quitarle todo el líquido y luego se mezcla con los demás ingredientes.

DIP DE AGUACATE

2 aguacates
1 queso crema grande
½ *taza de aderezo francés para ensaladas (ver ensaladas)*
1 cucharada de jugo de limón
salsa Tabasco (unas gotas)

El aguacate y el queso se baten hasta acremar y luego se mezclan con los demás ingredientes.

DIP DE CHIPOTLE

1 queso crema grande
1 taza de crema agria
½ lata chica de chipotles adobados picados

Se baten todos los ingredientes en la batidora hasta que quede cremosa la mezcla; en algunas ocasiones se necesita poner un poco más de crema para que no quede muy espesa.

DIP DE SARDINAS

1 lata chica de sardinas en jitomate
1 queso crema grande
1 taza de crema agria

Se abren las sardinas a lo largo para quitarles la columna vertebral y también la piel plateada. No es absolutamente necesaria esta limpieza, pero si no se hace resulta muy indigesta. Se procede como en la receta anterior.

TORTAS MARINAS

8 medias noches miniatura
1 lata de sardinas en aceite
2 cucharadas de mayonesa
1 taza de lechuga lavada y picada finamente
rajas de chile cuaresmeño en vinagre, picadas (al gusto)

Se abre el pan a la mitad. A las sardinas se les quita la piel y la espina. Se mezclan todos los ingredientes y se rellenan las medias noches. También se pueden rellenar de atún o de salmón.

PIZZITAS

8 rebanadas de pan de caja del día
½ taza de puré de jitomate base
1 cucharada de crema
½ cucharadita de orégano seco desmoronado
150 gramos de queso Oaxaca deshebrado

Se corta un círculo en cada rebanada de pan (pudiendo utilizar un vaso si no se cuenta con el cortador adecuado); con los dedos índice y pulgar se oprimen las orillas hasta formar un borde alrededor. El puré se mezcla con la crema y se coloca una cucharada rasa en cada pizza. Se espolvorea el orégano y se acomoda el queso. Se colocan en una charola de horno para gratinarlas*. Horno de 170°C ó 350°F.

CEREZAS CON TOCINO

10 rebanadas de tocino
20 cerezas en almíbar
20 palillos de madera

El tocino se corta a lo largo a la mitad; se enrolla la cereza en él y se detiene con el palillo. Se colocan en una charola de horno por espacio de 10 minutos o hasta que dore un poco el tocino. Horno de 170°C ó 350°F. Se sirven muy calientes.

En lugar de las cerezas se pueden emplear ciruelas pasas deshuesadas, aceitunas rellenas o salchichas de cocktail abiertas a la mitad y untadas con un poco de mostaza.

ANTOJITOS MEXICANOS

Todos los sopes, tacos, tamales, tostadas, chalupas, pambazos, etc., en miniatura son excelentes bocadillos. Éstos se deben cocinar siempre a última hora; sin embargo se pueden tener listos todos los ingredientes para aligerar su preparación. (Ver Platillos Mexicanos.)

HOJALDRAS CON CHORIZO

8 hojaldras miniatura
1 cucharada de aceite
1 chorizo (quitado el pellejo)
1 papa grande cocida y picada
1 chipotle adobado
2 huevos

Se abren los panes a la mitad. En el aceite se fríe el chorizo a fuego lento, se agregan la papa, el chipotle y los huevos revolviendo todo con una cuchara de palo. Se sazona*. Se rellenan las hojaldras y se colocan en una charola de horno. Se hornean por espacio de 15 minutos a 170°C ó 350°F. Se sirven muy calientes.

PONCHES Y BEBIDAS

*E*l café empiezas a gustarlo desde su olor: te despierta, anima y, ¡qué placer compartirlo con amigos!

Por la tarde un té con galletas o un chocolate con churros son una incomparable compañía para amenizar una plática o una reunión.

CAFÉ

Usa siempre café fresco y agua *fría* para la percoladora. Este procedimiento es el más usual y fácil. Si lo tienes que recalentar, tira el sedimento y no lo dejes hervir. Calcula 1 cucharada por cada taza de agua. Desde luego hay cafés en polvo o granulados de preparación instantánea; basta disolverlos en agua hirviendo, moverlos con una cuchara y ¡listo!

Si vas a preparar muchas tazas, hierve el agua y, fuera de la lumbre, añade el polvo poco a poco y meneándolo, porque tiende a subirse y tirarse. Deja que dé un solo hervor y sírvelo en la cafetera.

Ten listas la cremera y la azucarera.

TÉ

Ya sea que uses té negro suelto o de bolsita, la preparación es la misma.

Hierve agua, calculando 1½ tazas por persona y una extra que se usa para calentar por dentro la tetera en donde se servirá, para luego tirarla. Usa 1 cucharadita de té suelto o 1 bolsita de té para cada taza de agua y vierte el agua hirviendo encima. Tapa la tetera y deja reposar el té durante dos o tres minutos para que se asiente y obtenga un mejor sabor. El té suelto se cuela y la bolsita se tira.

TÉ DE HIERBAS (TISANA)

A estos tés se les atribuyen poderes curativos; ya sea cierto o no, su sabor es indiscutiblemente sabroso. La variedad es enorme y sólo se mencionarán unos cuantos: manzanilla, tila, limón, yerbabuena, menta, azahar, hojas de naranjo, etc.

La preparación del té de hierbas es exactamente igual que la anterior, sólo que éstas deben lavarse perfectamente.

CHOCOLATE

Se pone a hervir la leche (1 litro) cuidando que no se tire. Cuando suelta el hervor se añade el chocolate de mesa (4 tabletas) y se mueve con el molinillo o con una cuchara de madera hasta disolverlo totalmente para evitar los grumos. Cuando esto se logra se bate con el molinillo o se toma un poco y se pone en la licuadora para espumarlo. Si se desea menos espeso se puede agregar más leche.

PONCHE DE LIMÓN "ADELITA"

2 litros de agua
1 taza de azúcar
$1/2$ taza de jugo de limón
2 ginger ale medianos
1 taza de vino blanco seco
1 taza de vino tinto seco
$1/2$ taza de ron
$1/4$ de taza de coñac o brandy
2 limones rebanados
20 fresas
2 kilos de hielo molido

Se mezcla el agua con el azúcar hasta que se disuelva bien. Se le agregan unas gotas de colorante verde y se añaden los demás ingredientes.

Para servirlo se cortan limones en rebanadas delgadas y fresas a la mitad y se colocan en la ponchera como adorno.

PONCHE DE FRESA

2 botellas de vino rosado
½ kilo de fresas limpias y molidas en la licuadora con azúcar al gusto
1 litro de nieve de fresa
2 kilos de hielo molido

Un poco antes de servir el ponche se mezclan todos los ingredientes hasta que prácticamente se desbarate el hielo.

PONCHE FELIZ

1 taza de jugo de piña
2 tazas de refresco de limón
1 taza de jugo de toronja
½ taza de jugo de limón
1 taza de vino rosado

Todos los ingredientes deberán estar refrigerados. Se mezclan en la ponchera o en un recipiente grande y se puede agregar un tinte vegetal si se desea.

PONCHE CALIENTE

200 gramos de ciruelas pasas
½ kilo de tejocotes
1 kilo de guayabas
4 litros de agua
200 gramos de azúcar
3 cañas de canela
½ litro de ron

A las ciruelas se les quita el hueso y se pican. Los tejocotes se limpian, deshuesan y pican. Las guayabas se pelan y pican. Se ponen a hervir con el agua todos los ingredientes menos el ron, que se añadirá cuando todo esté cocido y listo para servirse.

EGG-NOG

6 yemas
3 tazas de azúcar glass
1 litro de leche
1 litro de crema dulce
1 taza de whisky
6 claras
canela en polvo
nuez moscada

Se baten las yemas con el azúcar durante 5 minutos en la batidora o hasta que tomen punto de listón*; poco a poco se agregan la leche, la crema y el whisky. Ya para servirse se baten las claras a punto de turrón* y se agregan a la mezcla anterior sólo con movimiento envolvente hasta que desaparezca lo blanco de la clara. Se sirve en tacitas de cristal y se espolvorea con canela en polvo o nuez moscada.

Rinde para 12 personas.

TOM Y JERRY

$^{1}/_{2}$ taza de leche caliente
1 cucharada de mantequilla
1 huevo
1 cucharadita de azúcar
$^{1}/_{8}$ de cucharadita de vainilla
1 pizca de nuez moscada
$^{1}/_{4}$ de cucharadita de canela en polvo
$^{1}/_{4}$ de cucharadita de pimienta de Jamaica
3 cucharadas de ron
1 cucharada de brandy

Se mezcla la leche con la mantequilla y, cuando va a soltar el hervor, se retira de la lumbre. Se bate el huevo hasta que adquiera un color más claro (3 minutos aproximadamente) y se le añaden el azúcar y las especias gradualmente sin dejar de batir. A esto se le agrega la leche, el ron y el brandy, batiendo constantemente hasta que la mezcla entibie. Se sirve en dos tazas desde una altura considerable para que vaya formando espuma. Se rocía con nuez moscada.

COCKTAIL DE NOVIA

24 trocitos de hielo
polvo de canela
1 lata de leche condensada
¹/₄ de taza de kirsch

Se bate todo en la licuadora y se sirve con polvo de canela.

MARTINI SECO

4 partes de ginebra o vodka
1 parte de vermouth seco

Se sirve en copas abiertas de cocktail con hielo frapé* y se adorna con una aceituna insertada en un palillo o una rajita de cáscara de limón, la cual se tuerce un poco sobre la copa para extraer el zumo.

MANHATTAN

¹/₄ de taza de whisky bourbon
1 pizca de angostura bitters (opcional)
¹/₈ de taza de vermouth dulce

Se sirve con hielo frapé* y una cereza con rabo.

MARGARITA

¹/₄ de taza de tequila
jugo de 2 limones
¹/₈ de taza triple sec

Se mezclan todos los ingredientes en la licuadora y se agrega un poco de hielo. Las copas se mojan en la orilla con jugo de limón y después con sal.

ROB ROY

¹/₄ *de taza de whisky escocés*
¹/₈ *de taza de vermouth dulce*
1 *pizca de angostura bitters*

Se mezclan los ingredientes con hielo frapé* y una pizca de zumo de limón.

WHISKY SOUR

¹/₄ *de taza de whisky bourbon*
¹/₈ *de taza de jugo de limón*
1 *cucharadita de azúcar*

Se muelen en la licuadora los ingredientes con hielo y se cuela a la copa. Se sirve con una rebanada de naranja en el borde de la copa.

GIMLET

4 *partes de ginebra o vodka*
1 *parte de jarabe de limón Rose*

Se muelen los ingredientes con hielo. Se cuela la mezcla y se sirve en copa de cocktail con una rebanada de limón en el borde.

DAIQUIRÍ (DE LIMÓN O FRESA)

jugo de medio limón
¹/₄ *de taza de ron*
¹/₄ *de taza de nieve de limón o fresa*

Se moja la orilla de la copa con jugo de limón y luego con azúcar. Se añade el cocktail que se ha preparado mezclando bien los ingredientes.

OLD-FASHIONED

1 pizca de angostura bitters
¹/₄ de taza de whisky
¹/₂ cucharadita de azúcar
¹/₈ de taza de agua mineral
cubos de hielo

Se mezclan los ingredientes. Se sirven en un vaso ancho y no muy alto sobre los cubos de hielo. Se sirve con una rebanada delgada de naranja, una cereza y una pizca de zumo de limón.

CUBA LIBRE

¹/₄ de taza de ron
¹/₂ taza de refresco de cola
cubos de hielo

Se sirve en vasos altos con una pizca de zumo de limón (opcional).

COW SHOT

¹/₄ de taza de whisky
¹/₈ de taza de crema de cacao
¹/₂ taza de leche fría
cubos de hielo

Los ingredientes se mezclan bien y se vacían sobre los hielos. Se sirve en vasos altos.

HONOLULÚ

¹/₄ de taza de whisky
jugo de medio limón
jugo de piña

Se mezclan los ingredientes con hielo frapé* y se sirve en vasos altos.

TOM COLLINS

¹/₄ *de taza de ginebra*
1 cucharadita de azúcar
¹/₈ *de taza de jugo de limón*
agua mineral
cubos de hielo

En un vaso alto se disuelven el limón y el azúcar. Se añaden los hielos, la
ginebra y el agua mineral. Se agita con un mezclador.

"EN LAS ROCAS"

Cualquier bebida que se pida "en las rocas" se sirve en un vaso pequeño y
ancho con cubos de hielo y una pizca de zumo de limón (opcional).

BLOODY MARY

¹/₂ *taza de jugo de tomate*
¹/₈ *de cucharadita de salsa Maggi*
hielo frapé*
jugo de medio limón
¹/₄ *de taza de vodka*
¹/₂ *cucharadita de salsa inglesa*
gotas de salsa Tabasco (opcional)
sal y pimienta al gusto

Se mezclan todos los ingredientes perfectamente y se sirve en un vaso alto
adornado con una caña de apio como mezclador.

PIÑA COLADA

¹/₄ *de taza de ron*
hielo frapé*
¹/₈ *de taza de crema de coco*
¹/₄ *de taza de jugo de piña*

Se mezcla todo en la licuadora. Se sirve en vasos altos y se adorna con una
cereza y un trocito de piña insertados en un palillo.

GIN O VODKA TONIC

jugo y zumo de medio limón
agua quina
cubos de hielo
¹/₄ de taza de ginebra o vodka

En un vaso alto se colocan los cubos y ahí se exprime el limón, agregando después el zumo y la ginebra. Se llena con el agua quina y se agita con el mezclador.

BESO SICILIANO

2 partes de whisky
1 parte de amaretto

Se mezclan las partes y se vierten sobre los cubos de hielo colocados en un vaso ancho y pequeño.

BLOQUE O CORONA DE HIELO

Se llena a la mitad un molde con agua y se mete al congelador. Cuando todavía esté quebradizo el hielo se adorna con fruta en gajos, en rebanadas, o con flores u hojas bien lavadas. Se agrega agua al molde casi hasta llenarlo y nuevamente se coloca en el congelador. Cuando esté listo el refresco o ponche para servirse, se saca el bloque o corona de hielo y se coloca en el recipiente en el cual se presentará.

HUEVOS

*A*compañados o solos, los huevos constituyen un platillo muy nutritivo. Con ellos se pueden confeccionar toda clase de comidas. El color de los huevos, rojo o blanco, no tiene ninguna importancia, su valor nutritivo es el mismo. Es mejor no poner sal a los huevos durante su preparación, ya que tienden a salarse con mucha facilidad.

HUEVOS COCIDOS

Para cocer los huevos se colocan en una cacerola con agua fría hasta cubrirlos. Una vez que el agua suelta el hervor se dejan durante 20 minutos. Después se enjuagan con agua fría. Si durante la cocción se van volteando con una cuchara, la yema quedará centrada. Esto es aconsejable si se utilizan como adorno.

HUEVOS TIBIOS

Se pone agua a hervir en una cacerola; en cuanto suelte el hervor se deslizan los huevos dentro del agua y se empieza a contar el tiempo:

muy suaves	2 minutos
suaves	3 minutos
cuajados	4 a 5 minutos

HUEVOS POCHÉ

Existen moldes especiales para cocer estos huevos, pero en caso de no tenerlos se toma cualquier taza refractaria y se unta con un poco de mantequilla. Se coloca sobre una sartén con agua y se pone a hervir el tiempo necesario hasta que cuaje.

HUEVOS REVUELTOS

Se pone un poco de grasa en una sartén y se calienta bien bajando el calor inmediatamente para evitar que se doren los huevos, los cuales se baten en un tazón y después se vacían a la sartén. Si se quieren muy tiernos se les puede agregar un poco de leche. Se mueven con una pala de madera hasta lograr la consistencia deseada. Si se desean de color amarillo y blanco no se baten sino que se mezclan en la sartén.

HUEVOS CON TOCINO

Siempre que se fría el tocino se hará en la sartén fría y sin nada de grasa, ya que éste suelta su propia grasa. Una vez dorado el tocino se retira de la sartén y se ponen a escurrir las lonjitas en un papel absorbente. El exceso de grasa se retira de la sartén y en la grasa sobrante se cocinan los huevos.

HUEVOS CON CHORIZO

Al chorizo se le quita la piel que lo envuelve, se desmorona y se fríe evitando que se dore; ahí se vacían los huevos y se revuelven. Calcular ½ chorizo para 2 huevos. Se puede agregar chile verde picado o un poco de chipotle adobado.

HUEVOS CON JAMÓN

Las lonjas de jamón se fríen en poca grasa, en la cual se revuelven los huevos y se acomodan en el plato junto al jamón.

También se puede picar el jamón y revolverlo junto con los huevos antes de que se frían.

HUEVOS RELLENOS

Se cuecen los huevos y ya fríos se cortan a la mitad a lo largo. Se pueden preparar de las siguientes formas.

A LA MOSTAZA

6 huevos duros
½ cucharadita de mostaza
½ cucharada de crema o mayonesa
sal y pimienta al gusto

Se saca la yema y se desbarata con el tenedor. Se le añaden los demás ingredientes hasta mezclarlos bien. Con esta pasta se rellenan las claras, ya sea con una cuchara o con la duya rizada.

AL PATÉ

6 huevos duros
½ taza de crema agria
½ taza de paté

Se desbarata la yema y se mezcla con la crema y el paté. Se procede como en la receta anterior.

A LA CREMA

1 lata de sopa de champiñones o espárragos
¼ de litro de crema
8 huevos duros
100 gramos de queso Chihuahua o Cheddar rallado

Se mezcla la lata de sopa con la crema. Los huevos se cortan a la mitad a lo largo y se colocan en un platón refractario. Se bañan con la sopa y se espolvorean con el queso. Se meten al horno (175°C ó 350°F) durante 15 ó 20 minutos.

HUEVOS ESTRELLADOS

Se pone bastante grasa en la sartén. Después de calentar bien la grasa se baja a calor medio. Los huevos se estrellan en un plato y de ahí se deslizan suavemente a la sartén. Con la cuchara se les cubre con aceite caliente de cuando en cuando para que la clara se alcance a cocer por encima.

HUEVOS RANCHEROS

2 tortillas chicas
2 huevos
salsa de jitomate

Se fríen las tortillas en grasa muy caliente. Esto se debe hacer con rapidez con el fin de que las tortillas no se doren. Se colocan en un plato. Inmediatamente se fríen los huevos, se les escurre perfectamente la grasa y se colocan encima de las tortillas. Se cubren con la siguiente salsa.

SALSA DE JITOMATE

2 chiles verdes asados
³/₄ de taza de puré base de jitomate

Se muelen los chiles con el puré, se fríen ligeramente y con esta salsa se bañan los huevos.

HUEVOS "ESTHER"

2 tortillas cortadas en cuadritos
2 ramitas de cilantro picado
1 jitomate pelado y picado
1 cucharadita de cebolla picada
2 chiles verdes picados
sal al gusto
4 huevos

Las tortillas se fríen en la sartén hasta que se doren ligeramente y se retiran del fuego. El cilantro se lava muy bien y se le cortan únicamente las hojitas, las cuales se pican. Se fríen en poca grasa el jitomate, cebolla, chiles verdes y cilantro; se sazona y ya que estén bien refritos se añade la tortilla. Por último se agregan los huevos revolviéndolos muy bien. Se tapan hasta que se cuezan. Se sirven con frijoles caldados a un lado.

HUEVOS AHOGADOS

*2 chiles poblanos en rajas**
1 cucharadita de mantequilla
2 tazas de puré base de jitomate
4 tazas (1 litro) de caldo o agua con 2 cucharadas de consomé concentrado
6 huevos
100 gramos de queso Oaxaca
4 cucharadas de crema

En una cacerola se fríen las rajas en la mantequilla. Ahí mismo se vacían el puré y el caldo; se sazona y se deja hervir durante 10 minutos. Se van echando los huevos uno a uno y se dejan hervir hasta lograr la consistencia deseada. Ya para servirse se añade el queso en trozos y la crema.

Esta misma receta se puede preparar con el puré de tomate verde.

HUEVOS CON RAJAS

½ *taza de aceite*
2 *cucharadas de cebolla rebanada finamente*
3 *chiles poblanos en rajas**
6 *tortillas*
6 *huevos*
⅛ *de litro de crema*
50 *gramos de queso Chihuahua o Manchego rallado*

En una sartén con poco aceite se fríen la cebolla y los chiles ligeramente y se mantienen calientes.

En otra sartén se fríen las tortillas; con una pinza o tenedor se introducen en el aceite caliente y se voltean rápidamente para evitar que se endurezcan. Se escurren perfectamente y se van colocando en un platón. Inmediatamente después se fríen los huevos y se van poniendo encima de cada tortilla, en donde se colocarán la cebolla, chiles, crema y queso. Deberá tenerse el horno caliente (175°C ó 350°F) y el platón se meterá solamente a gratinar*.

HUEVOS CON MACHACA

6 *cucharadas de aceite*
1 *cucharada de cebolla picada finamente*
150 *gramos de machaca (carne seca)*
2 *chiles serranos picados*
6 *huevos*

Se calienta el aceite en una sartén, se fríen ahí la cebolla, la carne y los chiles. Los huevos se baten y se vierten sobre lo anterior; se voltean con una espátula hasta lograr la consistencia deseada.

HUEVOS CON CREMA "EDDIE"

6 huevos
1 cucharada de leche
¹/₄ de litro de leche agria
sal y pimienta al gusto
1 pizca de nuez moscada
2 cucharadas de aceite
1 cucharadita de mantequilla
1 chile poblano en rajas*

Se baten los huevos con la leche hasta que esponjen bien. Se sazonan. En la sartén se ponen el aceite y la mantequilla y una vez calientes se vacían los huevos; se baja el calor y, cuando están flojos todavía, se les agrega la crema con las rajas hasta que cuajen.

HUEVOS A LA MEXICANA

2 cucharadas de aceite
1 cucharada de cebolla picada
1 taza de jitomate pelado y picado
2 chiles serranos picados
6 huevos
2 ramitas de cilantro picado (opcional)

En una sartén se calienta el aceite y se acitrona la cebolla; se añaden el jitomate, los chiles y por último los huevos, revolviendo bien con una pala de madera.

Con esta mezcla se pueden preparar taquitos, rellenando las tortillas y pasándolas por el aceite caliente.

QUICHE LORRAINE

pasta de pay de 8 pulgadas o 20 centímetros de diámetro
12 rebanadas de tocino frito y desmoronado
1 taza de queso Gruyère o Manchego, rallado
¹/₃ de taza de cebolla picada finamente
4 huevos
2 tazas de crema dulce para batir
¹/₈ de cucharadita de pimienta roja
³/₄ de cucharadita de sal
¹/₄ de cucharadita de azúcar

Se prende el horno a 220°C ó 425°F. Se prepara la pasta acomodándola en el molde. Se rocía el tocino, el queso y la cebolla en el fondo del molde. Se baten los huevos ligeramente y se les añaden los demás ingredientes, vaciándolos en el molde. Se hornea durante 15 minutos. Se reduce la temperatura del horno (150°C ó 300°F) y se deja durante 30 minutos más o hasta que al meter la punta del cuchillo en el centro, éste salga limpio. Se deja reposar 10 minutos antes de servirla. Se corta en triángulos. Servida con una ensalada puede constituir el plato principal.

OMELETS

Se baten los huevos y se vacían a la sartén. Con una espátula se va levantando cuidadosamente la capa ya cocida, inclinando la sartén para que se cueza el resto del huevo; en este punto se rellena la mitad de la omelet y se dobla tapándola con la otra mitad. Hay infinidad de rellenos y de vez en cuando es bueno experimentar algo nuevo.

Las yerbas, especias, queso, tocino, champiñones, jamón y mariscos son magníficos acompañantes de la omelet.

SALSAS

Añade un sabor extra a tus platillos agregando una de estas salsas en su preparación. Cuando las domines añade algo de tu propia inspiración y crea "tu salsa", ¡te sentirás orgullosa!

PURÉ BASE DE JITOMATE

3 kilos de jitomate
1 cabeza de ajos
1 cebolla mediana
2 cucharadas de sazonador o 4 cubitos

En una cacerola gruesa se coloca una capa de jitomate, los ajos y la cebolla; se dejan asar hasta que el pellejo de los jitomates esté negro. Se sacan y se pone una nueva capa sin sacar el ajo o la cebolla. Una vez que se termina se muelen en la licuadora añadiendo el sazonador. Se menea con una cuchara de palo y se cuela. Una vez fría la mezcla se mete al refrigerador y se puede usar indistintamente para sopas, salsas con chile y guisados. Es sumamente útil, pues haciendo esta operación semanalmente ya no se tiene que preparar cada vez que se necesite.

SALSA VERDE BASE

1 kilo de tomates verdes pelados
½ cabeza de ajos
1 cebolla
sazonador

En una cacerola gruesa se ponen a asar los ingredientes con excepción del sazonador. Una vez que adquieren un color negro se agrega el sazonador a que dé unos hervores. Se muele y se cuela, y ya fría la mezcla se guarda en el refrigerador.

A esta salsa se le pueden agregar diferentes clases de chiles asados o cocidos, cilantro o epazote, orégano, mejorana, etc., para preparar una gran variedad de platillos.

SALSA MEXICANA

2 jitomates picados
2 ramas de cilantro
2 cucharadas de cebolla rallada
1 aguacate picado (opcional)
2 chiles serranos picados

Los jitomates se pelan (metiéndolos en agua hirviendo durante 1 minuto ya lavados) y se pican; se mezclan todos los ingredientes usando únicamente las hojitas y un poco del tallo del cilantro. Los chiles se agregan al gusto. Se sazona*.

SALSA ROJA

2 jitomates asados
1 trocito (5 centímetros aproximadamente) de cebolla asada
6 chiles serranos asados
1½ dientes de ajo

Todos los ingredientes se asan en el comal o en una sartén gruesa. Se muelen en el molcajete (de preferencia) o en la licuadora. Se sazona*.

VARIACIONES

Esta misma salsa se puede preparar en crudo o cocida con poca agua. Los chiles pueden ser: de árbol (2), anchos (3), guajillo (3), chipotle (2), mulato combinado con pasilla (2 mulatos y un pasilla). Estos chiles tienen que ir asados o cocidos en poca agua.

SALSA DE TOMATE VERDE

8 tomates grandes
6 chiles serranos
1 trozo (5 centímetros) de cebolla
1 diente de ajo
5 ramas de cilantro

Se asan los tomates, después de quitarles la cáscara y lavarlos, junto con los chiles, cebolla y ajo. Se muelen en el molcajete o en la licuadora; se sazona* la salsa.

Igual que la salsa roja, ésta se puede preparar en crudo o cocida. Se puede combinar con otros chiles y añadir aguacate, chicharrón, queso, ya para servirse.

SALSA CHAMPURRADA

4 tomates verdes
1 trozo chico de cebolla
2 jitomates
1 diente de ajo
6 chiles serranos
5 ramas de cilantro

Se asan todos los ingredientes en un comal menos el cilantro, el cual se picará finamente dejándole un tallo muy cortito a las hojas. Se mezclan todos los ingredientes y se sirve.

SALSA DE QUESO

1 taza de puré de jitomate base
1/4 de taza de leche
50 gramos de queso Chihuahua o Manchego rallado

Se deslíe* el jitomate con la leche y se pone en una cacerola a fuego medio; se va añadiendo el queso hasta que se derrita. Esta salsa es muy sabrosa con alcachofas y huevos.

SALSA DE CHIPOTLE

1 lata chica de chipotles adobados
2 tomates verdes lavados y asados

Se mezclan los ingredientes en la licuadora y se cuelan.

SALSA PARA PESCADO

½ *cebolla mediana rallada*
½ *cucharadita de orégano*
2 *cucharadas de vinagre*
4 *jitomates asados y molidos*
1 *cucharada de mejorana*

Se mezclan todos los ingredientes en el frasco y se refrigeran.

SALSA PARA CARNES FRÍAS

½ *taza de mayonesa*
1 *cucharada de mostaza*
1 *cucharada de crema agria*
1 *cucharadita de cebolla rallada*
salsa Tabasco (unas gotas)
sal y pimienta

Se mezclan todos los ingredientes perfectamente. Esta salsa se puede usar para acompañar pescado, verduras y alcachofas.

BECHAMEL O BLANCA

2 *cucharadas de mantequilla*
½ *cebolla*
1 *rama de apio*
2 *cucharadas de harina*
½ *taza de leche*
1 *ramita de tomillo*
½ *hoja de laurel*
2 *pimientas blancas*
1 *pizca de nuez moscada rallada o en polvo*

Se derriten 2 cucharadas de mantequilla en baño María*. Se pican ½ cebolla chica (o poro) y una rama de apio muy menuditos y se cuecen en la mantequilla hasta que se suavicen (que no se doren) a fuego directo pero muy bajo. Se retira la cacerola del fuego para agregar 2 cucharadas de harina, moviendo constantemente para que no se endurezca y se logre cocer la harina.

Se vuelve a colocar la cacerola sobre agua caliente. Se añade a la mezcla, poco a poco, la leche hirviendo, meneando vigorosamente con una pala de madera hasta que se logre una pasta suave y cremosa. Se añade una ramita de tomillo, ½ hoja de laurel, 2 pimientas blancas y un poco de nuez moscada rallada. La pasta se cocina a fuego muy suave por espacio de 15 minutos. Se cuela con una coladera muy fina y se le ponen unos trocitos de mantequilla.

VARIACIONES

SALSA DE CREMA: Para pescado, aves, huevos y verduras.

Se le añaden a la salsa anterior 4 cucharadas de crema y se deja que suelte el hervor. Se agregan unas gotas de limón.

SALSA MORNAY: Para pescado, verduras, aves, huevos escalfados, pastas.

Se baten 2 yemas con poca crema y se le añaden a la salsa bechamel. Se calienta meneando constantemente hasta que suelte el hervor. Se agregan 2 cucharadas de mantequilla y de 2 a 4 cucharadas de queso rallado (Parmesano o Gruyère).

SALSA AURORA: Excelente con huevos, pollo o mariscos.

Se añaden de 2 a 3 cucharadas de puré de tomate a la salsa Bechamel caliente.

SALSA VELOUTÉ: Se derriten 2 cucharadas de mantequilla en una cacerola; se agregan 2 cucharadas de harina meneando constantemente con una pala de madera. Se agrega, poco a poco, caldo (de pollo, ternera o pescado, según para lo que se empleará), 2 pimientas blancas y se bate vigorosamente con el batidor de globo. Se pueden añadir unos champiñones de botón rebanados y se deja cocer a fuego lento, espumando de vez en cuando, hasta que la salsa se haya reducido hasta ⅔ partes de la cantidad original y esté espesa pero ligera y cremosa.

SALSA HOLANDESA RÁPIDA

175 gramos de mantequilla
6 yemas
jugo de limón
sal y pimienta blanca

Se derrite la mantequilla a fuego muy suave evitando que hierva. Se calienta el tazón de la batidora y ahí se van añadiendo, una a una, las yemas con el jugo de 1 limón, 1½ cucharaditas de agua, una pizca de sal y una de pimienta.

La batidora se opera a media velocidad y se agrega la mantequilla en un chorrito muy delgado. Si esto se hace muy despacio la salsa irá espesando. Sin embargo, puede fallar. De ser así, si la salsa estuviera muy líquida, se transfiere a baño María y se menea constantemente con una pala de madera hasta obtener la consistencia deseada. Si por el contrario la salsa espesa demasiado, ésta se puede adelgazar agregando 1 ó 2 cucharadas de agua muy caliente.

Se mantiene sobre agua caliente hasta el momento de servirse.

SUPREMA

1 taza de mayonesa
1 cucharada de salsa inglesa
$\frac{1}{2}$ cucharadita de sal de ajo
$\frac{1}{4}$ de taza de leche evaporada
1 cucharada de jugo de limón
3 cucharadas de mostaza
$\frac{1}{2}$ cucharadita de pimienta

Se mezclan todos los ingredientes y se refrigeran. Se puede servir con papas cocidas que se han marinado previamente en ³/₄ de taza de aceite, ¹/₄ de taza de vinagre, sal y 2 ramitas de perejil, también puede acompañarse con carnes frías, jitomates y lechuga.

SALSA TÁRTARA

1 taza de mayonesa
1 cucharadita de alcaparras picadas
1 cucharadita de aceitunas picadas
1 cucharadita de perejil picado
1 cucharada de pepinillos encurtidos (pickles) picados

Se mezcla todo perfectamente.

Un acompañamiento favorito para pescados fritos o asados, camarones, ensalada de pescado, etc.

SALSA CURRY "DORA"

1 barrita de mantequilla
1 cebolla mediana rallada
5 manzanas ralladas
$\frac{1}{2}$ taza de coco rallado
4 cucharadas de polvo curry

En la mantequilla se acitrona la cebolla y se añade a la manzana a que se refría; el coco se pone a hervir en agua y ésta se añade a lo anterior, agregando también un poco del caldo en donde se haya cocido el pollo, camarones, pavo, etc., hasta que quede una salsa espesa. La carne cortada en cubitos se incorpora y se sazona.

Esta salsa se sirve con arroz blanco y lo siguiente: chutney (mermelada de mango verde), cubitos de piña en almíbar, café en polvo, huevo cocido (la clara picada y la yema pasada por colador fino), plátanos picados, todo tipo de nueces, pasitas, tocino frito y desmoronado, pimiento verde picado y cebollitas Cambray.

ADEREZOS PARA ENSALADAS

CLÁSICO FRANCÉS

²/₃ de taza de aceite de maíz o de oliva
½ cucharadita de azúcar
1 cucharadita de sal
½ taza de vinagre de vino
¼ cucharadita de pimienta

En un frasco con tapadera de rosca se vacían todos los ingredientes y se agitan muy bien hasta que se incorporen perfectamente. Debe prepararse con anticipación para lograr un mejor sabor. Se refrigera.

Esta salsa es ideal para acompañar toda clase de hojas verdes. El sobrante se guarda en el refrigerador y se conserva por mucho tiempo.

FRANCÉS CON HIERBAS

1 taza de aderezo clásico francés
½ cucharadita de hoja de tarragón (estragón) desmoronada
2 cucharadas de queso parmesano rallado
1 cucharadita de albahaca desmoronada

Se procede igual que en la receta "Clásico Francés". Este aderezo se usa mucho con ensalada de verduras crudas (zanahoria, coliflor, calabacita).

FRANCÉS CON JITOMATE

1 lata de sopa de jitomate
1 cucharada de mostaza
1 taza de aderezo clásico francés
1 cucharada de cebolla rallada
1 diente de ajo pelado y picado

Se procede igual que en la receta anterior. Este aderezo se utiliza para lechuga romana fría y cortada en cuartos.

QUESO ROQUEFORT O CABRALES

1 taza de aderezo clásico francés
1 diente de ajo pelado y picado
¹/₄ de taza de queso Roquefort o Cabrales desmoronado
1 taza de crema agria

Se muelen perfectamente todos los ingredientes en la licuadora. Se coloca la mezcla en el frasco agitando muy bien y se enfría. Se puede servir con jitomates rebanados.

FRANCÉS PICANTE

1 taza de aderezo clásico francés
1 cucharadita de mostaza
1 cucharadita de salsa Tabasco
1 cucharadita de salsa inglesa
1 diente de ajo pelado y picado

Se mezcla todo en el frasco agitando bien. Se refrigera.

MAYONESA CASERA

3 yemas
¹/₄ de litro de aceite de oliva (aproximadamente)
jugo de 2 limones
sal y pimienta al gusto

Se baten las yemas a punto de listón*. Se va echando en un chorrito muy fino el aceite batiendo constantemente (se puede hacer en la licuadora y por el vertedero dejar caer el aceite). Ya que se logra la consistencia deseada, se vacía el jugo sin dejar de batir y se sazona.

SALSA CAMPESINA

¹/₂ kilo de jitomate picado finamente
1 cebolla mediana picada finamente
5 chiles verdes picados
3 ramas de cilantro picado
1 limón (el jugo)
1 aguacate picado
¹/₄ cucharadita de orégano en polvo

Se mezclan todos los ingredientes y se colocan en una salsera verificando el sazón.

SALSA BORRACHA

4 dientes de ajo
4 chiles guajillos asados y remojados en agua caliente
½ kilo de jitomate rojo asado y pelado
3 cucharadas de cebolla picada
1 taza de pulque
sal al gusto

En la licuadora se muelen los ajos y un poco de sal, después el chile, los jitomates y una cucharada de cebolla. (Se puede emplear la salsa de jitomate base y sólo agregar el pulque y un poco de cebolla para decorar.) Se agrega el pulque y se espolvorea con la cebolla. Esta salsa es especial para la barbacoa.

ALLIOLI "ISABEL"

3 dientes de ajo de tamaño regular, pelados y picados finamente
½ cucharadita de sal
1½ a 2 tazas de aceite (de preferencia de oliva)

Se muelen los ajos con la sal hasta que quede una pasta homogénea. Poco a poco, por goteo, se va agregando el aceite, batiendo hasta lograr la consistencia de una mayonesa.

Una variante es agregar a los ingredientes *2 yemas*. En ese caso después de moler los ajos con la sal se agregan las yemas y se incorpora el aceite, poco a poco. En caso de que se "corte" la crema, agregue unas gotas de limón y siga batiendo hasta lograr la consistencia descrita.

Es muy sabroso acompañando carnes, pescado y ensaladas o sencillamente para untar al pan caliente o tostado.

PLATILLOS MEXICANOS

*N*uestra cocina es muy variada y sabrosa. La preparación de los platillos es un poco más tardada, pero vale la pena y tu recompensa es mayor cuando los aplauden tus comensales.

CHILAQUILES POBLANOS

3 chiles poblanos
100 gramos de queso panela
2 dientes de ajo
12 tortillas
¹/₂ taza de leche
sal al gusto

Se cuecen los chiles y se les quitan las venas y semillas. Se muelen en la licuadora con el ajo. Se fríe en aceite un poco de cebolla picada y se agrega el chile colado. Las tortillas se cortan en cuadritos y se fríen; se sazonan con la mezcla anterior y se les agrega el queso cortado en cuadritos y la leche. Se dejan hervir aproximadamente 5 minutos y se sirven.

CHILAQUILES VERDES

12 tomates verdes
6 chiles verdes serranos
1 diente de ajo
6 ramas de cilantro
2 cucharadas de cebolla rallada
12 tortillas cortadas en cuadros
¹/₈ de litro de crema agria
¹/₄ de queso Manchego rallado

Los tomates se pelan y se lavan muy bien. A los chiles se les quita el rabito y se lavan también. Se ponen a cocer en poca agua con sal. Una vez cocidos se muelen en la licuadora con el diente de ajo, las hojas de cilantro previamente lavadas y se cuelan. En aceite caliente se fríe ligeramente la cebolla y se agregan las tortillas. Una vez doradas, se escurre el aceite y se les añade el tomate molido; se prueba, pues en ocasiones el tomate amarga; de ser así, se le pone una pizca de carbonato (que hará espuma) y se fríe hasta que la tortilla adquiera una consistencia dura. Se sirven inmediatamente colocándoles encima la crema y el queso rallado.

CHILAQUILES ROJOS

Se preparan exactamente como los chilaquiles verdes, sólo que se emplean 3 jitomates en lugar del tomate verde.

ENCHILADAS DE MOLE

1 frasco de mole preparado
1 jitomate grande
½ tablilla de chocolate (opcional)
12 tortillas delgadas
¼ de kilo de queso añejo desmoronado
½ cebolla rebanada delgada
2 cucharadas de ajonjolí tostado

En dos cucharadas de aceite caliente se deslíe* el mole con el jitomate previamente asado, molido y colado, y el chocolate (si se desea el sabor un poco dulce en el mole) hasta lograr la consistencia deseada.

En caso de que la salsa espese demasiado se le pondrá un poco de agua caliente con una cucharadita de consomé de pollo en polvo (o de caldo de carne o pollo). Las tortillas se meten al aceite muy caliente de los dos lados sólo por un momento y se ponen a escurrir en una coladera para que no lleven demasiada grasa. Se pasan a la salsa del mole que estará caliente, se rellenan y acomodan en el platón, poniéndoles el queso, la cebolla y el ajonjolí como adorno.

ENCHILADAS VERDES O ROJAS

Se fríen las tortillas ligeramente por los dos lados y después se mojan en la salsa. Se acomodan en un platón y se bañan con un poco más de la salsa;

se añade la crema y el queso rallado. Las tortillas se pueden rellenar con pollo cocido y deshebrado. Con la excepción de que no se cortan las tortillas sino que se meten enteras en el aceite caliente, las enchiladas verdes o rojas se preparan igual que los chilaquiles.

ENCHILADAS CON NATA

10 *tomates pelados y cocidos*
1 *pedacito de cebolla*
1 *diente de ajo*
6 *ramitas de cilantro*
2 ó 3 *chiles serranos*
1 *taza de nata o crema*
12 *tortillas delgadas*
¼ *de taza de cebolla rallada y desflemada**
¼ *de kilo de queso añejo desmoronado*

Los tomates se muelen en la licuadora con la cebolla, el ajo, el cilantro y los chiles. En poca grasa caliente se refríe la mezcla anterior ya colada y se agrega la nata. Si está muy espesa se le añade un poco de agua, se sazona y se deja hervir a fuego lento por espacio de 5 a 8 minutos. Las tortillas se fríen en aceite muy caliente, sujetándolas con unas pinzas para voltearlas y sacarlas rápidamente con el fin de que no se endurezcan. Se rellenan con la cebolla rallada y el queso. Se colocan en un platón y se bañan con la salsa, poca cebolla rallada y queso.

QUESADILLAS

Para las quesadillas existe una extensa variedad de rellenos; a continuación presentamos las recetas de algunos muy populares.

QUESO

12 *tortillas*
6 *ramas de epazote*
¼ *de kilo de queso de hebra (Oaxaca, Manchego, etc.)*
6 *chiles serranos cortados en tiritas*

Se rellenan las tortillas con los ingredientes; se fríen ligeramente o se doran en el comal hasta que se derrita el queso. Pueden acompañarse con guacamole.

FLOR DE CALABAZA

½ kilo de flor de calabaza
1 cucharada de cebolla rallada
3 ramas de epazote
2 chiles poblanos asados, pelados y cortados en rajas
12 tortillas delgadas

Las flores se limpian cortándoles el tallo y se deja únicamente la flor. Se lavan perfectamente, se cuelan y se pican. En una cacerola se pone un poco de aceite y una vez caliente se acitrona* la cebolla y se agregan las flores, el epazote y las rajas de chile poblano. Se tapan y se dejan cocer por espacio de 10 minutos o hasta que estén suaves; se les pone sal al gusto. (Las flores sueltan mucho líquido, si éste es demasiado, habrá que tirar el sobrante.) Se rellenan las tortillas, se fríen o doran en el comal.

HUITLACOCHE

½ kilo de huitlacoche (hongo del maíz)
1 cucharada de cebolla rallada
3 ramas de epazote
3 chiles serranos en rajas

Se desprende el hongo del elote y se lava muy bien. Se acitrona la cebolla y se añaden los huitlacoches, el epazote y las rajas. Se tapa y se deja cocer a fuego lento alrededor de 20 minutos. Los huitlacoches también sueltan líquido y se salan muy fácilmente, por lo cual, al igual que en la preparación de las flores de calabaza, la sal se añade una vez que estén cocidos.

RAJAS CON JITOMATE

2 jitomates grandes
4 chiles poblanos en rajas
½ cebolla rebanada delgada
100 gramos de queso Oaxaca

Los jitomates se asan, muelen y cuelan. Los chiles se ponen en el comal a tostar y se voltean constantemente para evitar que se quemen; se meten en una bolsa de plástico a sudar, lo que facilita desprender el pellejo. Una vez limpios se les quita el rabo y las semillas y se cortan en rajas. Se acitrona la cebolla con las rajas y se agrega el jitomate; se sazona y se deja hervir a fuego lento por espacio de 10 minutos. A cada quesadilla se le pone una rajita de queso.

PAPA

3 papas amarillas grandes
1 cucharadita de cebolla rallada
2 chiles serranos en rajas

Las papas se lavan muy bien y se cuecen. Se les quita el pellejo y se prensan. La cebolla se acitrona y se agrega a la papa junto con las rajas de chile.

PAPAS CON CHORIZO

A la receta anterior se le agrega un chorizo frito junto con la cebolla.

Las quesadillas también se pueden hacer con masa de maíz, a la cual se le agrega un poco de harina de trigo, una cucharada de manteca, sal y una pizca de levadura en polvo. Se amasa muy bien y se hacen las tortillas.

QUESADILLAS SINCRONIZADAS

¹/₄ de kilo de jamón
¹/₄ de kilo de queso amarillo o Manchego
24 tortillas delgadas
2 aguacates
chiles en rajas

Se coloca una rebanada de jamón y otra de queso encima de una tortilla y se tapa con otra; se aseguran con palillos de madera y se fríen. Se sirven inmediatamente con guacamole y rajas de chiles en vinagre.

BUDÍN DE FLOR DE CALABAZA

1 kilo de flor de calabaza
2 cucharadas de cebolla rallada
2 pechugas grandes o ¹/₂ kilo de carne de puerco
4 chiles poblanos asados y desvenados
¹/₄ de litro de crema
¹/₄ de kilo de queso Chihuahua o Manchego

Las flores se limpian, lavan, pican y fríen con poca cebolla hasta cocerse. La carne de pollo o de puerco ya cocida se desmenuza y se fríe con los ingredientes anteriores y se les pone sal.

Se forra una budinera con crepas de tal forma que no sobresalgan y se alternan las capas como sigue: crepas, la carne con las flores, un poco de salsa preparada con los poblanos molidos y poca crema; nuevamente crepas, carne, salsa, hasta terminar con mucho queso y crema. Se mete al horno (175°C ó 350°F) hasta que gratine.

A este budín se le pueden agregar calabacitas cocidas y picadas, granos de elote cocido y huitlacoche.

CREPAS

¹/₃ cucharadita de sal
3 huevos
1¹/₂ tazas de leche
1¹/₂ tazas de harina
2 cucharadas de aceite

Se mezclan todos los ingredientes perfectamente y se van haciendo las crepas delgaditas, vaciando poca mezcla en una sartén muy caliente, inclinándolo de un lado para el otro para esparcirla uniformemente. Cuando haga burbujas se voltea e inmediatamente se retira y se coloca entre papel encerado para evitar que se peguen.

Ya frías se pueden congelar fácilmente en un papel plástico autoadherible, para tenerlas listas en cualquier ocasión. Las crepas se pueden utilizar tanto en platillos dulces como salados. Rinde de 24 a 30 crepas.

POZOLE

2 kilos de carne de puerco
2 pollos
1 cebolla grande
4 dientes grandes de ajo
1 kilo de maíz cacahuazintle
1 chile ancho
¹/₂ cucharada de mejorana
¹/₂ cucharadita de orégano

Se cuecen la carne de puerco y los pollos con bastante agua, media cebolla y los ajos asados y con muy poca sal. Se descabeza el maíz y se pone a cocer con parte del caldo y el resto de la cebolla en olla express durante 1¹/₄ horas (el maíz que se vende en bolsas de polietileno y se compra en los supermercados viene precocido, por lo que sólo se deja hervir con el caldo durante 10 minutos o hasta que esté cocido). El chile ancho se tuesta en la lumbre y se muele con la mejorana y el orégano. Se sacan las carnes y se cuelan; en ese caldo se deslíe* el chile y se sazona. Se echa el maíz y después las carnes. Se deja hervir y se prueba hasta obtener el sazón deseado. Es preferible preparar este platillo desde la víspera. Rinde para 20 personas.

SALSA PARA EL POZOLE

50 gramos de chile cascabel
1 botella de vinagre
¹/₂ cucharadita de mejorana
¹/₂ cucharadita de pimienta delgada
1 diente de ajo grande
¹/₂ cucharadita de orégano
1 pimienta gorda

Los chiles se limpian con un trapo seco (nunca con agua) y se ponen a remojar la víspera con un poco de vinagre. Al día siguiente se muelen con todos los ingredientes. Se cuela con el resto del vinagre hasta que tome la consistencia de una salsa no muy delgada. Se conserva durante mucho tiempo.

El pozole se sirve con: tostadas, lechuga picada, rábanos, limones, cebolla rallada, orégano molido y la salsa mencionada anteriormente.

TAMALES

50 gramos de tequezquite
10 cáscaras de tomate verde
caldo
350 gramos de manteca de puerco
1 kilo de harina de maíz
100 gramos de harina de arroz
sal gruesa
1 cucharada de levadura en polvo

Se cuece tequezquite con unas cáscaras de tomate verde. Las carnes para los rellenos se cuecen por separado. El caldo se utiliza para batir la masa.

La manteca se bate con agua hasta que quede esponjosa y se le quita el agua. Se le añaden las harinas y la levadura, mezclando bien. La masa que se utilizará para los tamales de dulce se separa.

Las hojas de maíz se ponen a remojar y se secan con un trapo. Se pone una cucharada copeteada de masa a cada una y después el relleno, el cual deberá estar espeso.

La tamalera se llena con agua hasta la primera tapa y se van acomodando los tamales por sabores. Se tapa muy bien y se dejan al fuego aproximadamente 1 hora o hasta que estén cocidos.

Para recalentar los tamales se colocan en baño María* o en el horno de microondas envueltos en la hoja de maíz y tapados con una servilleta de papel o papel encerado. También son muy sabrosos asados en el comal.

DE SAL

Se añade el agua donde se coció el tequezquite y se bate muy bien la masa. Se añade el caldo muy cargado de sal conforme se necesite y se sigue batiendo hasta que al echar una bolita de masa en agua, flote. Se pueden rellenar de tinga, lomo de puerco en verde, pechugas en salsa verde o roja, etc. Todas estas recetas se encuentran en el capítulo "Carnes y Pollo".

DE DULCE

Éstos se baten únicamente con azúcar y agua. Cuando la masa está suficientemente batida se añade un poco de colorante vegetal rojo. Se agregan pasitas y trocitos de acitrón.

CHILES RELLENOS

6 chiles poblanos asados y desvenados

Los chiles se pueden asar en un comal, sartén o en el horno, teniendo en cualquiera de los casos la precaución de voltearlos constantemente para que se tuesten parejo, procurando evitar que se quemen. Una vez que alzan ampollitas por todos lados se meten en una bolsa de plástico y se dejan sudar un rato. Se pelan con mucho cuidado para dejarlos enteros. Se hace un corte para quitarles las venas y las semillas y se pueden rellenar con:

QUESO

Cualquier queso que haga hebra. Se pueden acompañar con arroz o servirse solos con crema y queso rallado encima y gratinados al horno.

ELOTE

Granos de elote cocidos con leche y epazote, y una rajita de queso.

PICADILLO

1 kilo de carne de res o de puerco molidas (se pueden usar combinadas)
20 chiles güeros de Oaxaca o 12 chiles poblanos
3 jitomates
¹/₂ cebolla
1 cucharada de pasas
4 ramitas de perejil
3 dientes de ajo
1 cucharadita de canela en polvo
1 cucharada de almendras
sal y pimienta

En poco aceite se ponen a freír todos los ingredientes con excepción de la carne. Una vez que estén sazonados se agrega la carne y un poco de azúcar y se tapa el recipiente para que se cueza la carne. Se rellenan los chiles. Si se desea pueden capearse*.

FRIJOL

¹/₂ taza de jitomate picado
1 cucharada de cebolla picada
2 tazas de frijoles refritos espesos
¹/₈ de cucharada de orégano
¹/₈ de litro de crema agria
3 cucharadas de queso rallado

Se pica un jitomate y una cucharada de cebolla. Se calienta un poco de aceite y en éste se fríen. Se agregan los frijoles y el orégano. Se colocan en un plato refractario y se bañan con crema, espolvoreándolos con queso rallado. Se meten al horno mediano (175°C ó 350°F) a gratinar.*

CHILES FINGIDOS

1 jitomate asado
1 cucharada de cebolla picada
1 diente de ajo picado
1 chile poblano asado, pelado y cortado en rajas
½ kilo de falda de puerco o res cocida y deshebrada
2 cucharadas de pasas
1 plátano macho lavado y rebanado

Se fríen el jitomate, la cebolla y el ajo; se agregan las rajas, la carne y las pasas; por último el plátano macho incluyendo la cáscara. Se tapa y se deja hervir a fuego lento durante 10 minutos. Se puede espolvorear polvo de canela.

CHILES EN NOGADA

100 nueces de castilla
1 queso fresco
½ litro de crema dulce
1 taza de vino blanco
20 chiles poblanos
1 granada roja
1 manojo de perejil
2 cucharadas de cebolla picada
2 jitomates grandes
1 acitrón chico picado
30 gramos de almendras
30 gramos de piñones
30 gramos de pasas
¾ de kilo de carne molida (res, puerco o mezcladas)

Las nueces se pelan desde la víspera y se remojan (si se quieren preparar con anticipación pueden congelarse una vez peladas). Se muelen en la licuadora o en el procesador de alimentos con el queso; poco a poco se añade la crema y el vino. Con esta salsa se bañan los chiles y se adornan con la granada y el perejil.

Se fríe el recaudo*, se agregan las frutas y la carne hasta que se cueza. Se le agrega polvo de canela y se prueba. En caso de faltarle dulce se puede añadir un poco de azúcar. Los chiles se rellenan y se pueden capear* si así se desea.

FRIJOLES DE LA OLLA

Los frijoles se limpian en seco, después se lavan varias veces hasta que el agua salga completamente clara. Se dejan remojando desde la víspera. Se ponen a hervir en la olla express con un pedazo grande de cebolla y una cucharada de manteca o ¼ de taza de aceite. En olla express tardan 1 hora para cocerse. Una vez cocidos se destapan y se les agrega sal al gusto hasta que den unos hervores y adquieran el sabor deseado. Si se cuecen en olla de barro el cocimiento será de aproximadamente 3 ó 4 horas. Se tapa la olla con una cazuela que contenga agua, según haga falta, se añade el agua caliente.

FRIJOLES NEGROS

El cocimiento es igual al anterior, sólo que se agrega la sal junto con una buena cantidad de epazote.

Si los frijoles se desean un poco más espesos se muele una pequeña cantidad en la licuadora y se añaden de nuevo a la olla hasta que den unos hervores.

FRIJOLES REFRITOS

1 taza de frijoles cocidos y molidos en la licuadora
2 cucharadas de manteca
1 cucharadita de cebolla picada

Se muelen los frijoles y se escurren. Se calienta la manteca y se fríe ahí la cebolla hasta que adquiera un color dorado; se agregan los frijoles y se refríen hasta que se despeguen de la sartén. Se pueden espolvorear con queso rallado y adornar con cuadritos de tortilla fritos.

FRIJOLES RANCHEROS

½ kilo de frijol claro
1 lata de chiles chipotles chica
150 gramos de chicharrón

Se cuecen los frijoles y se les añaden los ingredientes hasta que den unos hervores solamente. Se sirven.

FRIJOLES PUERCOS "LUCILA"

2 jitomates picados sin pellejo
1 cucharada de cebolla picada
2 chiles poblanos en rajas
½ kilo de carne de puerco cocida y picada
½ kilo de frijol canario cocido
¼ de litro de crema agria
100 gramos de queso rallado

En poca grasa caliente se fríen los jitomates, la cebolla, los chiles poblanos y la carne; se sazona. Se deja a fuego lento hasta que esté bien sazonado. Los frijoles se muelen en la licuadora. Se coloca la mitad en una budinera y se agrega la carne ya guisada, la mitad de la crema y la mitad del queso. Se cubre con el resto del frijol y se añaden la crema y el queso. Se mete al horno a gratinar a 175°C ó 350°F durante 20 minutos.

FRIJOLES "ESTHER"

½ kilo de frijol claro
1 cucharada de cebolla rallada
2 chiles serranos picados
2 jitomates picados y sin pellejo
3 ramas de cilantro

Se cuecen los frijoles (ver "Frijoles de la Olla") se les agregan todos los ingredientes hasta que den unos hervores. Se sirven.

CORONA DE FRIJOL "SOCORRO"

1 cebolla picada
100 gramos de manteca
1 cucharada de harina
¾ de kilo de frijol canario cocido
2 chipotles en vinagre
1 cucharadita de orégano
2 jitomates
400 gramos de carne de puerco
200 gramos de queso añejo
3 tortillas delgadas

Se fríe la cebolla en la manteca hasta que acitrone.* Se agrega la harina y, cuando adquiera un color canela, se fríen los frijoles, se les pone el caldo de dos chipotles y el orégano. Se dejan freír bien para que tomen consistencia. Se vacía la mitad en un molde de corona engrasado con manteca caliente y se coloca el relleno; se cubre con la otra mitad y se mete al horno previamente calentado a 175°C ó 350°F durante media hora.

TACOS

Los tacos se preparan con tortillas enrolladas que se pueden rellenar y preparar de muy diversas formas. Se pueden comer calientes, del comal o fritos. A continuación presentamos algunos guisos con los cuales se pueden rellenar.

SESOS

Después de remojar los sesos durante poco tiempo se desprende la membrana que los cubre. En una olla se pone agua a hervir con hierbas de olor*, un poco de cebolla y medio diente de ajo. Cuando el agua suelta el hervor se agregan los sesos. Se dejan hervir por espacio de 10 minutos. Se pican después de haberlos escurrido. También se pica un poco de cebolla, bastante epazote y chiles serranos al gusto. Estos tres últimos ingredientes se fríen hasta acitronar la cebolla y después se añaden los sesos, moviendo la cacerola de lado a lado para que no se batan. Con esta preparación se pueden rellenar los tacos y quesadillas.

POLLO

Se cuece el pollo y se deshebra. Se pican: jitomate, cebolla, chiles serranos y cilantro, los cuales se fríen y después se les agrega el pollo. Se rellenan los tacos y se sirven con guacamole y crema.

SUDADOS

Se llaman así porque se ponen en una cazuela que ha sido forrada con varias capas de servilletas. Las tortillas y los rellenos deben estar muy calientes y, al colocarlos en la cazuela, se debe tener la precaución de irlos tapando. Se rellenan de carne con rajas, tinga, sesos, chicharrón, frijoles, huevo, etcétera.

TOSTADAS

12 tortillas fritas y doradas
2 pechugas de pollo cocidas y deshebradas
1 lechuga picada
2 tazas de frijoles refritos fríos
2 aguacates rebanados
¼ de litro de crema agria
1 lata de chiles chipotles adobados
200 gramos de queso fresco

Las tortillas se pueden preparar con anticipacion, pero los demás ingredientes se deben agregar hasta la hora de servirlas porque se humedecen.

CHALUPAS Y SOPES

Estas formas de tortilla ovalada se compran en el mercado. Se pueden preparar con frijoles refritos y salsa picante, con chicharrón seco, aguacate, cilantro y chile verde picados o con salsa de mole. Se pueden freír o solamente calentar.

PENEQUES

Los peneques también se pueden comprar en el mercado. Son bolsitas de masa de maíz cocido y se pueden rellenar de queso y después capear* y cubrir con una salsa de jitomate sencilla, con chile o con mole. Se pueden freír y rellenar de papita picada con chorizo (ver "Platillos Mexicanos"), de frijoles con queso y chorizo.

CHICHARRÓN

El chicharrón es muy sabroso en tacos acompañado sólo con cebolla, cilantro, jitomate y chile verde serrano (todo muy bien picado).

Seco también acompaña muy bien las sopas y frijoles caldados.

El mole de chicharrón se prepara con cualquier salsa picante no muy espesa, desleída* con un poco de caldo. Aproximadamente 10 minutos antes de servirse se agrega el chicharrón cortado en pedazos pequeños hasta que dé sólo unos hervores con la salsa.

PASTEL DE POBRE

½ kilo de carne de puerco o pollo
24 tortillas delgadas
1 taza de puré de jitomate base
4 chiles poblanos
¼ de crema
200 gramos de queso rallado

La carne se pone a cocer (ver "Caldos") y después se corta en pequeños trocitos. Las tortillas se fríen en aceite caliente, una por una, metiéndolas y sacándolas rápidamente a fin de que no se endurezcan. Se colocan en un molde refractario, procurando escurrirlas perfectamente; se deja la mitad para la siguiente capa. Se calienta el puré (o se fríe si así se desea) y se añaden los chiles previamente asados, pelados y cortados en rajas y la carne para que se sazonen. Esta preparación se coloca en capas con las tortillas y para terminar se vacía la crema y se espolvorea el queso rallado. Se mete al horno a 175°C ó 350°F por espacio de media hora o hasta que gratine*.

REVOLTIJO

2 cucharadas de puré de jitomate
¹/₄ de kilo de mole preparado
100 gramos de camarón seco
1 kilo de romeritos
4 papas cocidas y cortadas en cuartos

El puré se mezcla con el mole para refreírse muy bien a fuego lento y después se le añade el agua en que se pusieron a remojar los camarones con anterioridad. Esto se hace a fuego muy lento para que el concentrado del mole se desbarate perfectamente. Si el mole se desea un poco más dulce se agrega una tablilla de chocolate y se pone con lo anterior hasta que se derrita. Los romeros se cuecen con poco carbonato y sal y se agregan a la mezcla anterior con parte del caldo en el que se cocieron. Los romeros deben lavarse muy bien, pues suelen tener mucha tierra, y dejar solamente las hojas.

TORTITAS DE CAMARÓN SECO

Se mezclan 1 cucharada de agua, una pizca de carbonato y un huevo y el camarón molido. Se baten hasta lograr una pasta dura. Se fríen a fuego suave y se sirven con el revoltijo.

TAQUITOS DE SEMILLA DE CALABAZA (PAPADZULES)

1 rama de epazote
¹/₄ de kilo de semillas de calabaza tostadas y molidas
20 tortillas delgadas
aceite o manteca para freír
8 huevos cocidos y picados
¹/₂ taza de cebolla picada finamente
6 chiles verdes
1 taza de puré de jitomate base

El epazote se hierve con sal en taza y media de agua. Se licua con las semillas. Las tortillas se fríen ligeramente y se pasan por esta salsa. Se rellenan con el huevo, se acomoda en un platón y se bañan con el resto de la salsa.

Se acitrona la cebolla. Los chiles y la cebolla se muelen con el puré y se dejan a que espesen. Con esta salsa se bañan los taquitos y se sirven inmediatamente.

ENCHILADAS DE MOLE CON CHICHARRÓN

1 frasco de mole rojo preparado
1 rajita de canela
1 rebanada de pan duro
¼ de tableta de chocolate de mesa
1 taza de puré de jitomate base
¼ de kilo de chicharrón delgado
20 tortillas
150 gramos de queso añejo desmoronado
½ cebolla rebanada finamente
sal al gusto
aceite o manteca para freír

Se deslíe* el mole con el puré. Se fríen la canela, el pan y el chocolate y se agregan al mole. En caso de quedar muy espeso se le agrega tantito caldo de pollo o consomé de pollo granulado hervido con agua, hasta lograr la consistencia deseada.

Se calientan las tortillas, se les da una ligera pasada por la grasa y se bañan con el mole. Se calienta el chicharrón en el horno y se desmorona; con esto se rellenan las tortillas. Se bañan con más salsa caliente y se adornan con el queso y la cebolla.

SOPAS, ARROZ Y PASTA

*E*l principio sensacional de una comida es la sopa, que puede ser tan sencilla o complicada como la desees; pero, ¿qué cosa más deliciosa que una buena sopa caliente cuando tienes frío o una elegante *vichyssoise* o un gazpacho helado para el calor?

CALDO DE POLLO

1 *pollo entero*
¹/₂ *cebolla*
3 *dientes de ajo*
1 *poro chico*
4 *ramas de cilantro*
1 *papa*
2 *hojas de yerbabuena*
2 *ramas de apio*
1 *nabo*
1 *rama de perejil*
2 *zanahorias*
2 *cucharaditas de sal*

El pollo se flamea*, se lava perfectamente, sacándole con anterioridad la bolsa de plástico que trae dentro de la cavidad que se encuentra abajo de la pechuga. Esta bolsa contiene las vísceras: hígado, corazón y molleja, las cuales se lavan perfectamente y se cuecen por separado. Una vez que el pollo está limpio y flameado*, se le quitan los cañones (cabitos de las plumas) con una pinza o con los dedos. El pellejo contiene mucha grasa, por lo que se puede quitar en caso de no querer un caldo muy grasoso; naturalmente le resta un poco de sabor, pero esto se puede suplir con algún condimento.

Mientras se prepara el pollo se asan en una sartén o comal la cebolla y los ajos. El agua se pone a hervir y en el momento que suelta el hervor se agrega únicamente el pollo (o piezas de pollo). Unos momentos después empezará a soltar una espuma, la cual se recoge con la espumadera (cuchara de aluminio perforada) y se tira a algún recipiente. Esta operación se repite hasta que el agua quede transparente, si no, el caldo estará rebotado. Una vez que se termine de espumar se agregan todos los demás ingredientes y se baja el calor para que siga hirviendo lentamente. Cocidos el pollo y las verduras, se cuela el caldo y se sirve con las zanahorias picadas y el pollo desmenuzado o cortado. Se le puede agregar un poco de arroz cocido o tallarín cocido. El perejil picado, o el huevo cocido picado también lo acompañan muy bien. Unas hebras de azafrán le dan un rico sabor y, naturalmente, unas rodajas de limón.

Cuando hay sobrante de caldo (el cual siempre se debe separar de las verduras o carne para refrigerarlo) debe guardarse en un lugar fresco, sin tapar, pues se puede agriar muy fácilmente, en especial en tiempo de calor. Ya frío formará una capa de grasa, la cual se puede quitar si no se desea obtener un caldo grasoso.

El pellejo del pollo se pica y se fríe con un poco de sal hasta que se haga chicharrón. También se pican el pellejo y 1 cucharadita de cebolla y se acitronan; después se agregan 1 rama de epazote, 2 chiles serranos picados y se fríen.

PURÉ BASE DE JITOMATE

2 kilos de jitomate
2 cucharadas de consomé de pollo en polvo o 4 cubitos
1 cebolla mediana
6 dientes de ajo

Todos los ingredientes se colocan en una olla profunda a fuego fuerte. Se voltean constantemente con el fin de que se asen por todos lados. Se agrega el consomé. Ya bien asados (aproximadamente ½ hora después) se muelen en la licuadora, se cuelan y ya fríos se vacían en un frasco de cristal con tapadera. Se guarda en el refrigerador y puede conservarse durante 10 días.

CALDO BASE PARA SOPAS

2 ³/₄ tazas de puré de jitomate base
2 litros de caldo de pollo o de res (en caso de no tener ninguno de los dos

se ocupará agua hirviendo con consomé en polvo o en cubitos)
sal y pimienta

Si se desea se puede freír el jitomate antes de agregar el caldo, pero no es necesario porque el puré base ya está cocido. Se deja hervir a fuego lento y se prueba constantemente hasta lograr el sabor deseado.

SOPA DE LETRAS

Caldo Base para Sopas
1 taza de pasta de letras
2 ramas de cilantro o perejil

Se calienta el caldo. Se agrega la pastita a que dé unos hervores y se suavice. Si se desea frita se coloca en una sartén con aceite hasta que tome un color dorado. Se escurre y se añade al caldo con el cilantro o perejil.

La pasta puede sustituirse por cualquiera de las clases menudas como: munición, pepita, aros, fideo, etc.

SOPA DE VERDURAS

2 calabacitas medianas
1/2 col chica
2 elotes desgranados
1/2 taza de chícharos pelados
3 ramas de cilantro
2 zanahorias medianas
4 ramas de apio
1 papa
1 rama de perejil
6 tazas de caldo o 6 tazas de agua con 2 cucharadas de consomé en polvo
1 1/2 tazas de puré base de jitomate

Las verduras se pelan y cortan en cuadritos. En el caldo se ponen las verduras y el puré para que hiervan a fuego lento hasta que se cuezan. Se prueba el caldo y, si hace falta, se le agrega un poco de consomé de pollo en polvo. Si no se tuviera caldo, se utiliza agua con el polvo de consomé. En caso de utilizar la olla express, se colocan todos los ingredientes en ella y se tapa. Cuando hayan subido las rayitas de la válvula o las válvulas de presión, se toma el tiempo y se cuentan 10 minutos. Para entonces la sopa estará lista.

SOPA DE ZANAHORIA

6 zanahorias peladas y cortadas en cubitos
6 tazas de caldo o 6 tazas de agua con 2 cucharadas de consomé en polvo
1½ tazas de puré base
hierbas finas*

Seguir las mismas instrucciones de la sopa de verduras.

SOPA DE APIO

2 tallos con hojas bien lavadas
6 tazas de caldo o 6 tazas de agua con 2 cucharadas de consomé en polvo
1½ tazas de puré base de jitomate

Se procede como en la sopa de verduras.

SOPA DE LECHUGA

6 hojas de lechuga bien lavadas y finamente picadas
6 tazas de caldo o 6 tazas de agua con 2 cucharadas de consomé en polvo
1½ tazas de puré base de jitomate
1 cucharadita de hierbas finas*

Se procede como en la sopa de verduras.

SOPA DE PORO Y PAPA

2 papas peladas y cortadas en tiras
1 poro chico rebanado
1½ tazas de puré base de jitomate
6 tazas de caldo o 6 tazas de agua con 2 cucharadas de consomé en polvo
1 cucaharada de consomé en polvo
1 cucharadita de mantequilla

La papa y el poro se fríen en la mantequilla hasta que el poro se acitrone. Se escurre la grasa sobrante. Se procede como en la sopa de verduras.

SOPA DE ESPINACA

1 manojo de espinacas
1 ½ tazas de puré base de jitomate
6 tazas de caldo o 6 tazas de agua y 2 cucharadas de consomé en polvo
1 huevo cocido

Se cuecen las espinacas, se muelen y se incorporan a los demás ingredientes. Seguir las instrucciones de la sopa de verduras.

Se adorna con el huevo cocido, picado.

SOPA DE PESCADO

5 pechugas de pescado
1 cabeza de pescado
½ cebolla
2 dientes de ajo
3 ramas de epazote
½ chipotle adobado

El pescado previamente lavado se pone a cocer con cebolla y ajo en muy poca agua por espacio de 10 min; se desmenuza; el caldo se cuela y se añade a la sopa.

Se prepara una sopa de verduras sustituyendo el cilantro por el epazote y el chile.

SOPA DE QUESO

6 tazas de caldo base
150 gramos de queso Manchego rallado
1 huevo

Se pone a hervir el caldo. Al queso se le añade un huevo y con un tenedor se forma una pasta, la cual se irá pasando por el prensador de papas directamente al caldo, cuando éste esté hirviendo. En caso de no tener el prensador, se puede utilizar la espumadera.

SOPA DE ELOTE

3 elotes cocidos, desgranados y molidos
1½ tazas de puré base de jitomate
6 tazas de caldo o 6 tazas de agua con 2 cucharadas de consomé en polvo

Seguir las instrucciones de la sopa de verduras.

SOPA DE LENTEJA

½ kilo de lentejas limpias y lavadas
1 diente de ajo
cilantro al gusto
1 jitomate grande pelado y picado
2 cucharadas de cebolla picada

Las lentejas se pueden remojar desde la noche anterior y al día siguiente se ponen en la olla express con todos los ingredientes y se sazonan. También se pueden agregar plátanos machos muy bien lavados y rebanados (incluyendo la cáscara). Se pueden preparar también con chorizo o tocino y en este caso se suprime el cilantro.

SOPA DE FLOR DE CALABAZA

½ kilo de flor de calabaza
¼ de kilo de champiñones
2 cucharadas de mantequilla
1 cucharada de cebolla picada finamente
1 diente de ajo picado finamente
1½ litros de agua
1 pizca de sal
gotas de jugo sazonador
2 cucharadas de consomé en polvo
1 cucharada de polvo de curry
¼ de litro de crema

Las flores y los champiñones se lavan perfectamente, a las flores se les quita parte del tallo y sépalos. En una cucharada de mantequilla se acitrona 1 cucharada de cebolla y se añaden las flores para freírlas; se sazonan y se tapan. Una vez cocidas se muelen en la licuadora.

En la otra cucharada de mantequilla se fríen el ajo y los hongos; se tapan hasta que suelten el jugo y se sazonen.

El agua se pone a hervir con el consomé y ahí se añaden las flores molidas y se sazonan con el jugo. Cuando el caldo esté muy caliente, ya para servirse, se agrega el curry moviéndolo hasta que se desbarate, se agregan los champiñones.

En la sopera se pone la crema y se vacía el caldo hirviendo encima.

CALDO RANCHERO

2 pechugas cocidas y cortadas en cubitos
1 cucharadita de sal
1 trocito de cebolla
1 diente de ajo
6 cucharadas de arroz
3 cucharadas de puré de jitomate base
1 lata de chipotles adobados (chica)
3 ramitas de epazote
6 tortillas cortadas en tiritas
2 aguacates
100 gramos de queso manchego rallado
1 taza de lechuga finamente picada

Se cuecen las pechugas con sal, cebolla y ajo asados. Una vez cocidas se cortan. El arroz se pone a cocer en poca agua; ya cocido, se escurre.

El caldo de las pechugas se cuela y se pone a calentar. Si es poco el caldo, se completa con agua hasta obtener 1½ litros. Se le añade el puré de jitomate para sazonar. Se agrega el pollo, el chipotle y el epazote.

Las tortillas se fríen hasta dorarlas y se les escurre la grasa sobrante.

Para servirse se agregan a la sopera donde se encuentra el caldo, el arroz, el aguacate cortado en cubitos, el queso, las tiras de tortilla y la lechuga.

Rinde para 6 personas

FIDEO AZTECA

1 taza de aceite de cocina
1 paquete de fideo delgado
3/4 de litro de agua
3 cucharadas de puré de jitomate base
3 ramas de cilantro
4 chiles poblanos
1 cebolla chica
1 pizca de sal

¹/₈ de litro de crema agria
2 aguacates
1 cucharadita de aceite de oliva
1 cucharadita de mantequilla suave
100 gramos de queso Manchego rallado
1 manojo de perejil chino para adornar

El aceite se calienta a calor mediano y ahí se fríe con mucho cuidado el fideo hasta que tome un color oro. Se escurre.

El agua se pone a hervir con el puré de jitomate hasta que sazone. Ahí se pone a cocer el fideo con el cilantro hasta que quede un poco seco.

Los chiles se asan, pelan y desvenan. Se cortan en tiritas. La cebolla se corta en rebanadas muy delgaditas. En poco aceite se fríen los chiles y la cebolla, y se les agrega una pizca de sal y la crema.

Los aguacates se pelan y se machacan con un tenedor; se les agrega el aceite de oliva y una pizca de sal.

En un molde de rosca, untado de mantequilla, se vacía la mitad del fideo, se aplana muy bien con una pala de madera y se colocan las rajas; después se pone la otra mitad del fideo y se aplana de nuevo. Se le pone el queso rallado y se mete al horno a calor mediano (175°C ó 350°F) por espacio de 15 a 20 minutos para que gratine*.

El molde se vacía en un platón y en el hueco de la rosca se coloca el aguacate y se adornan las orillas con el perejil.

SOPA DE HONGOS "PALOMA"

¹/₂ kilo de hongo fresco
1 ¹/₂ litros de agua
3 cucharadas de consomé en polvo
3 ramas de epazote
1 cucharada de mantequilla
1 cucharada de cebolla picada finamente
1 diente de ajo picado finamente
gotas de jugo sazonador
1 pizca de sal

Se lavan los hongos perfectamente quitándoles los tallos. Se dejan éstos cocer en el agua con el consomé; después de hervir por espacio de 5 minutos se les pone el epazote para que den otro hervor y se muelen en la licuadora con el caldo en que hirvieron.

En la mantequilla se doran hasta acitronar la cebolla y el ajo. Los sombreritos de los hongos, si son grandes, se rebanan y si no, se dejan enteros. Se fríen con lo anterior; se agregan al caldo y se sazonan con unas gotas de jugo. Se pueden añadir nopales cocidos y cortados.

PUCHERO

200 gramos de garbanzos
1 pizca de bicarbonato
¼ de kilo de agujas de res
200 gramos de retazo de puerco
½ kilo de chambarete
2 muslos de pollo
200 gramos de retazo macizo de res
2 zanahorias
2 nabos
2 elotes
1 chayote
1 camote amarillo
2 papas peladas
½ kilo de peritas de agua
3 calabazas
200 gramos de ejotes
5 ramas de cilantro
1 pedazo de col
2 ramas de yerbabuena
sal y pimienta

Desde la noche anterior se ponen los garbanzos a remojar en agua bien cubiertos. Al día siguiente se pelan y se cuecen con sal y bicarbonato.

Las carnes se ponen a cocer con bastante agua y se espuman*. Ya que hayan hervido bastante tiempo y estén prácticamente cocidas, se les agregan las zanahorias, nabos, elotes cortados en rodajas, chayote, camote, papas y peritas. Las calabazas y ejotes se cuecen aparte porque de lo contrario se ennegrecen. Cuando estén cocidas se incorporan al caldo y se agregan el cilantro, la yerbabuena, los garbanzos y la col a hervir solamente unos minutos. Se sazona.

Para servirlo se cuela el caldo y se pone en una sopera. Las verduras y carnes se colocan en diferentes platones y se lleva todo muy caliente a la mesa.

Se recomienda hacer un guacamole y salsa picante para acompañar este plato. Los plátanos fritos también son excelentes como guarnición.

MIGAS Y SOPA DE AJO

aceite de oliva
1 cabeza de ajos pelados
1 ½ litros de caldo de pollo
3 ramas de cilantro lavadas
4 ramas de epazote lavadas
5 rebanadas de pan de caja cortado en cuadros
3 ó 4 venas de chile ancho

En un poco de aceite de oliva se fríen los ajos. Una vez bien dorados se escurren y se les agrega el caldo y las yerbas. Se deja hervir a borbotones y se agregan el pan y las venas de chile.

Se puede suprimir el pan y estrellar unos huevos crudos en el caldo.

SOPA DE COLA DE RES

1 cola de res en trocitos
1 poro
2 clavos
2 pimientas gordas
2 tazas de puré base
ajo y cebolla
1 taza de vino tinto

La cola de res se lava muy bien y se pone a cocer en olla express con el poro, clavos y pimientas aproximadamente 1 hora 15 minutos o hasta que esté perfectamente cocida. Se deshebra.

Se le agrega el puré al caldo y ya para servirse se añade 1 taza de vino tinto y se retira de la lumbre.

SOPA DE CABITOS DE ACELGA

½ kilo de acelgas cocidas
5 cucharadas de leche
1 huevo
1 cucharada de harina
2 litros de caldo (de res o de pollo)
2 tazas de puré base

Cuando las acelgas están cocidas se les cortan los cabitos blancos. Se hace un atolito con la leche, huevo, harina, sal y pimienta, batiendo bien estos ingredientes. Se fríen y se ponen en un papel absorbente. Se hace el caldillo y se ponen los cabitos en el fondo de la sopera o en un platoncito ya para servirse. Las acelgas se pueden dejar cocidas para cocinarlas en otra forma ese mismo día o guardarlas en el refrigerador una vez escurridas.

CREMA DE QUESO CON CALABACITAS Y ELOTES

1 cucharada de mantequilla
2 chiles poblanos en rajas
2 calabacitas rebanadas
2 elotes desgranados
1 cucharadita de cebolla finamente picada
de ½ a 1 litro de leche
1 frasco de queso blanco para untar
1 queso crema grande suavizado
5 tortillas cortadas en tiritas y fritas

En una cacerola se pone la mantequilla hasta que ésta se acitrone*. Se añaden los chiles, calabacitas y granos de elote y se mueven con una pala de madera. Se agrega un poco de leche y se sazonan. Se dejan hervir hasta que adquieran una consistencia suave. En otra cacerola un poco más grande se vacía ½ litro de leche y se agregan los quesos; ya en la lumbre, con una cuchara de palo, se va suavizando el queso hasta que se deshaga completamente; esta operación debe hacerse a fuego suave para evitar que se pegue.

Cuando están hervidas las verduras se agregan a la leche y se dejan hervir durante unos minutos. Se sazona y se sirve con las tortillitas.

Todas las cremas se pueden espesar añadiendo un queso crema en la mezcla.

VICHYSSOISE

4 poros
1 cebolla
25 gramos de mantequilla o margarina
1 cucharadita de sal
1 cubito de caldo concentrado
½ kilo de papas peladas y partidas
¼ de litro de leche
1 taza de crema ligera
1 ramito de perejil picado o cebollín

Se limpian y rebanan los poros y la cebolla. En la mantequilla se fríe la cebolla hasta acitronar; después se añaden los poros y 5 minutos más tarde las papas. Se agrega ¼ de taza de agua y cuando esté hirviendo se pone el cubo de caldo concentrado. Se baja el fuego y se cuece por espacio de ½ hora. Se agrega la leche y se muele en la licuadora. Se sazona y se incorpora la crema mezclando bien. Se refrigera por lo menos 4 horas. Para servirse se salpica con el cebollín o el perejil.

CREMA FRÍA DE BERROS

2 cebollas chicas
50 gramos de mantequilla
200 gramos de berros finamente picados
3 tazas de caldo de pollo
2 yemas
300 gramos de crema
100 gramos de perejil
jugo de limón
sal y pimienta

Se pican finamente las cebollas y se fríen en mantequilla a fuego suave hasta acitronarse*. Se añaden los berros y el caldo y se cuece durante 10 minutos aproximadamente. Se licua la mezcla, se cuela por una coladera muy fina y se deja enfriar. Las yemas se baten con la crema y se añaden a lo anterior. Se sazona y se le pone jugo de limón al gusto.

GAZPACHO

2 pimientos (sin semilla y partidos)
8 jitomates
2 pepinos pequeños (pelados y sin semilla)
2 dientes de ajo
1 rebanada de pan
¼ de litro de aceite de oliva
1 cucharada de vinagre
agua (la necesaria)

Se trituran con la licuadora los pimientos, los jitomates, los pepinos pelados, los ajos, el pan, el aceite, el vinagre, el agua y la sal hasta lograr una consistencia de crema ligera. Se refrigera y se sirve muy frío.

Como aderezo se puede servir con: pan cortado en trocitos frito o tostado, cebolla picada, jitomate picado, pepinos picados, huevo cocido rebanado.

ARROZ

El arroz se lava perfectamente con agua caliente y se escurre en una coladera, procurando dejarlo bien seco para que al freírlo no salpique la grasa. El arroz debe freírse en bastante aceite y menearlo con una cuchara para lograr el punto deseado.

SUGERENCIAS PARA SERVIR EL ARROZ

El arroz puede acompañarse con los siguientes ingredientes y obtener así un sabor especial y una agradable presentación:

■ Tocino frito y desmoronado y trocitos de queso sobre el arroz caliente.

■ Cebollín picado y crema agria sobre el arroz caliente.

■ Pimientos cortados y aceitunas mezclados.

■ Champiñones con cebollas rebanadas (fritos en mantequilla).

ARROZ BLANCO

El arroz blanco se utiliza como base para varios platillos o para acompañar diversas carnes

2 dientes de ajo chico
1 cucharada de cebolla picada
2 tazas de aceite
1 taza de arroz
2 ¹/₂ tazas de caldo o agua con consomé de pollo en polvo o en cubitos
2 ramitas de perejil
2 ramitas de cilantro
2 ó 3 chiles serranos enteros
jugo de medio limón
¹/₂ cucharadita de sal

El ajo y la cebolla se fríen en el aceite hasta que doren y se sacan; se agrega el arroz lavado y escurrido. El arroz se puede mover con una cuchara mientras esté dorándose, pero después de añadirle el agua o caldo ya no debe tocarse para no quebrarlo.

Cuando el arroz está acitronado y aún no dora es el punto del arroz blanco. Se escurre el aceite hasta dejar apenas una pequeña cantidad en la cacerola. Se agrega el caldo y se sazona. Se añaden el perejil, el cilantro y los chiles verdes. Se le agrega el jugo de limón para blanquearlo.

Una vez que suelte el hervor se tapa la cacerola y se baja el fuego a lo mínimo, pero sin dejar de hervir, por espacio de 30 minutos o hasta que el arroz esté cocido.

Al salir se le puede poner una cucharada de crema.

ARROZ ROJO

Se asa o se cuece 1 jitomate por cada taza de arroz; se muele en la licuadora con 1 diente de ajo y un pedazo de cebolla o se usa ½ taza de puré base. Se complementa con 2 tazas de agua o caldo. Al freír el arroz éste debe tomar un color oro y entonces se escurre el aceite. Se agrega el jitomate molido y se sazona. El jitomate debe hacer burbujitas (aproximadamente 5 minutos) y entonces se le añade el caldo. Después se procede de la misma manera que en el arroz blanco.

Se le pueden agregar chícharos y zanahorias picadas antes de añadir el caldo para que las verduras se cuezan.

ARROZ VERDE

2 chiles poblanos
⅛ de litro de crema agria ó ½ taza de leche
1 taza de arroz blanco
100 gramos de queso Chihuahua (o similar) rallado

Los chiles se ponen sobre un comal y se debe tener cuidado de voltearlos con frecuencia para que se tuesten parejos y evitar que se quemen. En cuanto se les hagan ampollas se voltean hasta que poco a poco se desprenda todo el pellejo. Se meten en una bolsa de plástico y se dejan sudar un rato para facilitar quitarles el pellejo. Se abren con un cuchillo y se les quitan las semillas y el tallo. Se muelen con un poco de leche y crema en la licuadora. En un plato refractario untado de mantequilla, se coloca una capa de arroz blanco, la mitad de la salsa, queso rallado y crema, y de la misma forma se pone la siguiente capa. Se mete al horno (175°C ó 350°F) para gratinarse, aproximadamente 20 minutos o hasta que se derrita el queso.

ARROZ NEGRO

1 taza de arroz
2½ tazas de caldo de frijol negro

Se fríe el arroz hasta punto de arroz blanco; en lugar de caldo se agrega el caldo de frijol.

Se puede servir con plátanos fritos.

PLÁTANOS FRITOS

2 plátanos machos pelados
¹/₂ taza de aceite

Los plátanos se cortan a la mitad y después se rebanan a lo largo. Se fríen en el aceite caliente hasta que tomen un color dorado. Se sacan y se colocan en un papel grueso para quitarles la grasa sobrante.
Con los plátanos se puede adornar el platón.

ARROZ AMARILLO

Cuando está hirviendo el caldo del arroz blanco se toma un poco del líquido y en una taza, en donde se habrán puesto unas hebritas de azafrán (¹/₂ cucharadita), se vacía. Se mueve hasta que las hebras se deshagan y entonces se agregan al caldo.
Los pimientos morrones de lata rebanados son buenos acompañantes para este plato.

ARROZ CON ELOTES Y RAJAS

1 elote cocido y desgranado
1 cucharadita de cebolla picada finamente
2 chiles poblanos tostados, desvenados y en rajitas
receta base de arroz blanco

En una cacerola se fríen los granos de elote, la cebolla y las rajas en muy poca grasa. Se sazonan. Se coloca el arroz ya guisado alternando con el elote, rajas, crema y queso, en un molde refractario y se mete al horno precalentado (175° ó 350°F) por espacio de 20 minutos o hasta que gratine*.

ARROZ CON NARANJA

1 taza de cebolla picada finamente
1 cucharada de mantequilla
2 cucharaditas de sal
1 cucharadita de tomillo en polvo
¹/₂ taza de pasas sin semilla

¹/₂ taza de jugo de naranja
¹/₄ de taza de jerez seco
2 cucharadas de raspadura de naranja
2 naranjas peladas y cortadas en gajos
6 tazas de arroz blanco guisado (receta base)

Las cebollas se acitronan* en mantequilla cuidando de no dorarlas. Se añaden la sal, tomillo, pasas, jugo de naranja y jerez. Se tapan y se cocinan a calor mediano aproximadamente 5 minutos o hasta que las pasas se inflen. Se agrega 1 cucharada de raspadura y se incorpora bien con una cuchara de madera. Se espolvorea con el resto de la raspadura y los gajos de la naranja se acomodan alrededor del platón.

Este arroz se sirve con una corona de chuletas de puerco al horno, con pollo o ternera.

PILAF DE LIMÓN

1 taza de apio rebanado finamente
1 taza de cebolla de rabo (Cambray) rebanadas finamente
2 cucharadas de mantequilla
3 tazas de arroz blanco guisado (receta base)
1 cucharada de raspadura de limón
1 cucharadita de sal
/₄ de cucharadita de pimienta

Se acitronan* el apio y la cebolla en la mantequilla hasta que estén suaves. Se añade el arroz, raspadura y sazonadores. Se menea al incorporar estos ingredientes y se calienta a fuego lento moviéndolo de vez en cuando.

Se sirve con pollo asado, ternera o pescado.

ARROZ AU GRATIN

3 tazas de arroz guisado (receta base)
1¹/₂ tazas de queso rallado (Manchego, Chester, Cheddar)
3 cucharadas de mantequilla
¹/₂ cucharadita de polvo de curry
2 rebanadas de pan de caja en migajas o cubitos

Se unta un refractario con mantequilla. En un tazón se mezcla el arroz con 1 taza del queso y se coloca en el refractario espolvoreándolo con el resto del queso. Se mete a horno (175°C ó 350°F) por espacio de 15 minutos o hasta que se funda el queso. Mientras tanto, se derrite la mantequilla y se le agrega el curry moviendo hasta desbaratarlo. Se añade el pan y se dora en esa grasa. Se saca el arroz del horno y se coloca el pan encima.

SOUFFLÉ DE ARROZ

1 taza de salsa blanca espesa (ver "Salsas")
4 huevos separados
1 taza de arroz guisado (receta base)
1 taza de queso Gruyère o Manchego rallado

Se mezcla la salsa blanca* con las yemas ligeramente batidas y el arroz. Las claras se baten a punto de turrón*. Se envuelven a la mezcla del arroz. Se voltea a un molde refractario de ½ litro y se hornea 1 hora a (175°C ó 350°F). Se sirve inmediatamente.

ARROZ CON POLLO

4 piernas de pollo
4 muslos
4 pechugas partidas a la mitad
½ kilo de ejotes cortados a lo largo
100 gramos de chícharos cocidos (o 1 lata chica)
1 cucharadita de pimentón
1 frasco chico de pimientos morrones
6 tazas de agua o caldo de consomé en polvo al gusto
2½ tazas de arroz tipo italiano
1 cucharadita de azafrán

Se fríe el pollo hasta que esté casi cocido y se aparta. En la grasa sobrante se fríen los demás ingredientes con excepción del arroz y el azafrán. Se agregan 1 cucharadita de cebolla picada y un jitomate picado, al cual se debe quitar el pellejo con anterioridad. Se añade el agua con el consomé en polvo y se sazona. El arroz se limpia con un lienzo seco y se agrega al caldo cuando éste se encuentre hirviendo, esparciéndolo por toda la cacerola. En una taza de caldo se deslíe* el azafrán y se añade a la mezcla anterior, se baja la lumbre y se tapa la cacerola.

PASTA

La pasta es muy variada y te ofrece muchas alternativas ya sea que la puedas combinar con pescados, mariscos, carne, queso, tocino, y fría en ensaladas preparadas con verduras y mayonesa, la puedes encontrar de diferentes formas, colores y con diferentes rellenos. Entre las más conocidas se encuentran los tallarines, canelones, spaghetti, ravioles, lasagna, etc.

Después de cocida la pasta, le agregarás la salsa que hayas elegido. La manera de cocer la pasta es como sigue:

1 litro de agua hirviendo　　　　*2 cucharadas de sal*
1 cucharada de aceite　　　　　*1 hoja de laurel*
½ cebolla　　　　　　　　　　*¼ de kilo de pasta*

PROCEDIMIENTO

El agua se pone a hervir con el aceite, la cebolla, la sal y el laurel. Una vez que hierva fuertemente se le añade la pasta y se deja cocer aproximadamente 15 minutos hasta que, al probarla esté firme.

Si se siente dura se deja cocer unos minutos más cuidando que no se exceda, pues perderá su consistencia. La pasta se separa con un tenedor constantemente durante su cocción, para evitar que se pegue. Se escurre inmediatamente quitando la cebolla y el laurel. En caso de no emplearla de inmediato se puede dejar en agua fría pero sólo por poco tiempo.

LASAGNA

La lasagna se puede servir en lugar de las crepas, por lo tanto se pueden rellenar o preparar en capas con rellenos diferentes: huitlacoches, flor de calabaza, espinacas con crema, calabacitas con elote y chile poblano. Se añade queso rallado y crema y se mete al horno durante 20 minutos hasta que gratine*.

250 gramos de carne molida de res o de puerco
2 cucharadas de aceite para freír
aceitunas picadas al gusto
1½ tazas de puré base de jitomate
1 cucharadita de sazonador
sal y pimienta al gusto
1 paquete de lasagna
¼ litro de crema
100 gramos de queso rallado (Chihuahua, Manchego, etc.)
50 gramos de mantequilla

Se fríe la carne con las aceitunas. Se agrega el puré y se sazona. Se cuece la pasta. En un molde refractario se acomoda la lasagna, después la carne, un poco de crema y queso, alternando de la misma manera hasta acabar con queso. La mantequilla se pone encima en trocitos. Se hornea a (175°C ó 350°F) hasta que se gratine* (20 minutos aproximadamente).

SPAGHETTI CON JITOMATE

1 paquete de spaghetti
1 barrita de mantequilla (100 gramos)
1½ tazas de puré de jitomate base
1 cucharadita de albahaca seca u 8 hojas de albahaca fresca
sal y pimienta al gusto
crema (opcional)
½ taza de queso parmesano rallado

Se cuece la pasta y se escurre. Se calienta la mantequilla en una cacerola y se agrega el jitomate y el resto de los ingredientes menos el queso, se vierte esta salsa sobre la pasta y se le espolvorea el queso ya para servirse.

SPAGHETTI BOLOGNESA

1 paquete de spaghetti
1 barrita de mantequilla (100 gramos)
1½ taza de puré de jitomate base
1 cucharada de orégano
300 gramos de carne molida de res
sal y pimienta
½ taza de queso parmesano rallado

Se cuece la pasta. En la mantequilla se añade el jitomate, el orégano y la carne; se deja por espacio de 10 minutos a que se cueza. Se agrega la pasta, se sazona y se espolvorea el queso.

TALLARÍN CON CREMA

1 paquete de tallarín cocido
1 barrita de mantequilla (100 gramos)
50 gramos de tocino
4 chiles serranos
¼ de litro de crema
½ taza de queso parmesano rallado
½ cucharadita de albahaca seca

Se cuece la pasta y se escurre. En la mantequilla se fríe el tocino y se les da una ligera pasada a los chiles. Se agregan los demás ingredientes.

VERDURAS Y ENSALADAS

¡Qué papel tan importante juegan las verduras en nuestra vida diaria! Aprende a prepararlas de diferentes maneras y arréglalas en forma apetitosa. Aprovecha sus variados colores y cosecha los aplausos.

Las siguientes verduras se pueden emplear crudas para las ensaladas:

- Lechugas (toda clase)
- Pimientos
- Coliflor
- Aguacate
- Apio
- Jitomate
- Zanahorias
- Rábanos
- Cebollas (toda clase)
- Poro
- Col blanca y roja
- Calabazas
- Champiñones
- Espinacas
- Jícama

Generalmente todas las verduras se cortan en rebanadas muy delgadas o se pican finamente. Puedes limpiar el apio y la lechuga, lavarlos perfectamente y secarlos con una toalla de papel. Después puedes envolverlos en una toalla húmeda o papel encerado y están listos para servirse si no se van a utilizar de inmediato.

Para evitar que los ajos se echen a perder se pelan y se guardan en el refrigerador en un frasco con aceite de oliva. Se tapan bien. Lo mismo se puede hacer con la cebolla; ésta se ralla o se pica finamente, se pone en agua con sal para desflemarla, se lava y se seca con una toalla de papel absorbente. Se llena un frasco con aceite de oliva y se mete ahí la cebolla cuidando de taparla bien. ¡Listos para usarse en cualquier momento!

Las siguientes verduras se deben emplear cocidas:

- Betabel
- Frijol (toda clase)
- Elote
- Garbanzos

Cuando las verduras verdes van cocidas se procede de la siguiente manera:

Se lavan perfectamente bajo el chorro de agua. Se pone a hervir agua suficiente según el tiempo de cocción con una cucharada de sal y la punta de una cucharadita de azúcar.

■ Acelgas. Tiempo de cocción: 5 minutos. Muy poca agua, casi con la que queda cuando se enjuagan.

■ Alcachofas. Tiempo de cocción: 30 a 40 minutos. Con tijeras de cocina se cortan las puntas a las hojas. Los corazones son riquísimos y se pueden cocinar de diferentes formas.

■ Apio. Tiempo de cocción: 5 minutos. Se toman los tallos por la parte lisa y con un tenedor se raya la parte acanalada para remover las fibras.

■ Calabazas. Tiempo de cocción: 15 minutos. Las puntas se cortan después de cocidas, de lo contrario absorben mucha agua.

■ Chayotes. Tiempo de cocción: 20 a 25 minutos. Hay dos clases, con espina y sin espina. Los primeros se pueden pelar y después cocer o, si se van a rellenar, se cuecen con la piel. Los espinosos se cuecen con la piel. Las pepitas que se encuentran en el interior tienen en la parte inferior una membrana que hay que desprender, ya que es muy fibrosa.

■ Chícharos. Tiempo de cocción: 20 minutos. Se abren las vainas y se desprenden los chícharos. No deben taparse.

■ Chiles poblanos. Se lavan perfectamente y se secan con una servilleta de papel. En un comal bien caliente o en una sartén gruesa se asan hasta que la piel se arrugue para desprenderla fácilmente; hay que estar al pendiente para evitar que se quemen.

Si se van a rellenar se meten en una bolsa de plástico y se dejan sudar durante 15 minutos. Se desprende el pellejo y se abren, ya sea a lo largo u horizontalmente 1 cm debajo del rabito. Se desprenden las venas y semillas para evitar que piquen demasiado.

Se cortan a lo largo para rajas.

■ Ejote. Tiempo de cocción: 15 minutos. Se corta una de las puntas casi hasta separarla, se toma con dos dedos y se jala con el fin de quitar la fibra que va en uno de los costados. Se corta la otra punta. Los ejotes se cortan sesgados y menuditos.

■ Espinacas. Tiempo de cocción: 5 minutos. Muy poca agua, casi la que les queda cuando se enjuagan.

■ Habas. Tiempo de cocción: 30 minutos. Se abren las vainas y se desprenden las habas.

■ Nopales. Tiempo de cocción: 25 a 30 minutos. Con un cuchillo se raspan para quitar las espinas. Se cortan en forma de ♦. Se cuecen con cáscaras de tomate verde y cebolla. Cuando están cocidos se colocan en una coladera, se mojan con agua fría y se dejan tapados por espacio de 10 a 15 minutos antes de cocinarse para quitarles la baba.

■ Papas. Tiempo de cocción: 20 minutos. Con una escobetilla se cepillan las papas limpiando muy bien los ojos (agujeros que las cubren) tratando de conservar la cascarita por su alto nivel nutritivo.

■ Pepinos. Tiempo de cocción: 5 a 10 minutos. Se cortan las 2 puntas y se frotan una contra otra para evitar que amarguen. Generalmente se comen crudos.

■ Verdolagas. Tiempo de cocción: 15 minutos. Se usan solamente las hojas.

PISTO VERDE

½ kilo de calabacitas picadas
½ kilo de habas
¼ de kilo de chícharos
¼ kilo de ejotes
3 chiles poblanos en rajas
½ taza de aceite
1 cucharada de cebolla picada
2 huevos

Se cuecen las verduras y se preparan los chiles. En una cacerola se pone a calentar el aceite a fuego mediano, se añade la cebolla y se acitrona; se agregan los chiles a que se frían ligeramente, después las verduras y por último los huevos revolviendo suavemente. Se debe tener cuidado de mantener las verduras enteras. Se toma la cacerola de las 2 asas y se balancea de un lado a otro.

ELOTES COCIDOS

En una olla grande se ponen los elotes bien lavados y cubiertos con agua. Se lavan pocas hojas y se ponen encima de los elotes; se agrega sal.

Para servirse se les puede poner mayonesa, crema, chile piquín, limón.

ELOTES CON RAJAS

1 cucharadita de cebolla picada
1 cucharada de mantequilla
1 chile poblano tostado, desvenado y cortado en rajas
4 elotes tiernos
1 litro de leche
epazote al gusto

La cebolla se fríe en la mantequilla y se agregan las rajas para freírlas ligeramente; se agregan los elotes desgranados y la leche y se cuecen a fuego mediano para que no se derrame la leche; ya casi para servirse se sazona y se agrega el epazote.

ELOTES CON CALABACITAS Y CARNE DE PUERCO

1 cucharada de cebolla picada
1 diente de ajo
1 jitomate grande, pelado y picado
2 elotes desgranados
6 calabacitas picadas en crudo
2 chiles serranos
1/4 de kilo de carne de cerdo cocida

En poca grasa se fríen la cebolla, el ajo y el jitomate y se sazonan perfectamente, después se agregan los elotes, las calabacitas y la carne cortada en trozos pequeños. Se agrega poco caldo de la carne hasta que las verduras estén cocidas.

TORTA DE ELOTE

1/4 de kilo de mantequilla
1 taza de azúcar
4 huevos (separados)
6 elotes un poco secos
150 gramos de queso fresco
1 cucharadita de levadura en polvo

Se acreman la mantequilla y el azúcar y se van agregando las yemas de una en una batiendo constantemente. Los elotes se desgranan y se muelen con el queso, ya sea en el metate o en el procesador de alimentos, y se incorporan a lo anterior con la levadura en polvo.

Las claras se baten a punto de turrón* y se agregan envolviendo sólo al elote molido. Se coloca la mezcla en un molde refractario untado de mantequilla. Horno (175°C ó 350°F) durante 1 hora. Se sirve tibia. Se puede acompañar de rajas con jitomate ("ver Platillos Mexicanos").

TORTA DE ELOTE CON CARNE DE PUERCO Y RAJAS

La torta se prepara como se indica en la receta anterior, sólo que el molde se llena hasta la mitad; a continuación se pone el relleno y el resto de la mezcla del elote.

RELLENO:

½ kilo de carne de puerco maciza, cocida y picada
rajas de poblano con jitomate (ver "Platillos mexicanos")
½ taza de crema agria

Los ingredientes se mezclan y colocan encima del elote.

En ocasiones requiere más tiempo en el horno por el relleno. Se debe verificar el tiempo y probar con un palillo si está cocida, si no lo está, se debe dejar unos minutos más (de 10 a 15 aproximadamente).

BUÑUELOS DE ELOTE

4 elotes desgranados
50 gramos de queso fresco
2 huevos separados
1 cucharada de mantequilla derretida
1 cucharadita de levadura en polvo
100 gramos de azúcar
aceite para freír

Se muelen los elotes con el queso en el metate o en el procesador de alimentos; se agregan las yemas y la mantequilla y se mezcla todo perfectamente (menos el azúcar). Las claras se baten a punto de turrón* y se incorporan a la mezcla envolviendo hasta que no se vea la clara. En un plato extendido se pone la mitad del azúcar. El aceite se calienta y se conserva a calor mediano. Se va tomando una cucharada de la mezcla y se fríe primero por un lado y después por el otro, cuidando de poner pocos buñuelos porque es fácil que se doren demasiado; una vez que están dorados se colocan en un papel de cocina secante para quitarles el exceso de grasa y se espolvorean con el azúcar. Una vez que el azúcar esté muy grasosa se cambia por la que se dejó separada. Los buñuelos se van poniendo en un platón. Son un buen acompañamiento para las carnes.

BRÓCOLI

Se cortan los tallos al brócoli dejando sólo un tallo de 1 cm aproximadamente. Se lavan muy bien y se cuecen en agua hirviendo con sal.

Se puede servir con salsa bechamel (ver "Salsas").

CON MANTEQUILLA

En 2 cucharadas de mantequilla y un chorrito de aceite se fríe 1 cucharada de cebolla finamente picada hasta que tome un color dorado. Añadir el brócoli.

TORTITAS DE COLIFLOR

1 cucharadita de sal
1 coliflor cocida
1 pedazo de pan duro
150 gramos de queso
3 cucharadas de harina
2 huevos separados
1½ tazas de aceite para freír

En 3 tazas de agua hirviendo con la sal se pone la coliflor bien lavada. Deberá hervir durante 15 minutos con el pan para evitar que huela mal. Una vez cocida se separan las flores y se toman 2, las cuales se presionan con las manos para sacarles el agua. Se coloca un pedazo de queso entre ellas. Se pone la harina en un plato y ahí se van espolvoreando las tortas. Se capean* y se fríen.

Pueden servirse con caldillo de jitomate (ver "Puré base de jitomate"). Las calabazas se pueden preparar de la misma forma.

NOPALES CON CHARALES

4 nopales
1 trocito cebolla
6 cáscaras de tomate verde
1 pizca de carbonato
sal al gusto
½ cebolla picada
2 chiles cuaresmeños o jalapeños picados
50 gramos de charales
2 jitomates picados
6 ramas de cilantro picadas
1 huevo batido

Los nopales se limpian muy bien y se cortan en tiras muy delgadas o en diamantes pequeños. Se ponen a cocer en bastante agua con el trozo de cebolla, cáscaras de tomate verde, carbonato y sal. Ya que estén suaves se escurren inmediatamente y se tapan para cortarles la baba.

Se fríen la cebolla y los chiles hasta que se acitronen*, se agregan los charales a que se frían sólo durante unos minutos. Se añaden los nopales, jitomate, cebolla y chiles picados, sancochándolos, y se incorpora el huevo. (Se pueden preparar de la misma manera sin los charales.)

ENSALADA DE NOPALES

4 nopales
2 jitomates picados
10 ramas de cilantro picadas
½ cebolla picada
2 chiles serranos picados
1 aguacate picado
½ cucharadita de orégano
50 gramos de queso añejo

Se cuecen los nopales como se indica en la receta anterior. Ya fríos se mezclan con el jitomate, cilantro, cebolla, chile y aguacate. Se espolvorea de orégano y queso y se adorna con unas rodajas de cebolla muy delgadas.

ACELGAS CON PAPAS

1 kilo de acelgas
2 tazas de agua
1 cucharadita de sal
1 cucharada de cebolla picada
2 papas cocidas, peladas y picadas

Las acelgas se lavan una por una en el chorro del agua. Se pone agua a hervir con sal y cuando suelta el hervor se agregan las acelgas. Cuando están suaves se sacan los tallos y se pican. Se fríe la cebolla y se agregan las verduras (sólo las hojas).

Los tallos se usarán capeados para sopa (ver "Sopas").

PAPAS GRATINADAS

1 cucharada de mantequilla
1 lata de crema de apio
¹/₂ taza de leche
5 tazas de papas cocidas y rebanadas
3 cucharadas de cebolla picada
1 taza de queso Cheddar o Manchego rallado

Se unta un molde refractario de mantequilla y se van arreglando capas de la sopa disuelta perfectamente en la leche, papas, cebolla y queso. Horno 200°C ó 400°F.

PAPAS CON CHAMPIÑONES

1 cucharada de mantequilla
1 lata de champiñones rebanados y escurridos
3 cucharadas de cebolla rebanada finamente
1 litro de sopa de crema de hongos
¹/₂ taza de leche
5 tazas de papas crudas rebanadas

En la mantequilla se fríen los champiñones y la cebolla hasta que ésta se acitrone*. La sopa se mezcla perfectamente con la leche. En un molde refractario engrasado se van colocando capas de papas, champiñones y de sopa. Se tapan y se meten al horno de 200°C ó 375°F durante 1 hora. Se destapa y se hornea 15 minutos más o hasta que dore un poco.

ENSALADA DE PAPAS

¡1 kilo de papas cocidas y frías, peladas y cortadas en cubitos
¹/₂ taza de mayonesa
¹/₂ taza de apio picado
¹/₄ de taza de crema
1 cucharada de cebolla picada finamente
¡sal y pimienta
(

Se envuelve todo con dos tenedores cuidando no desbaratar las papas.

PURÉ DE PAPAS

1 kilo de papas blancas peladas y cocidas
100 gramos de mantequilla suave
1 taza de leche caliente
sal y pimienta

Se cuecen las papas peladas en agua hirviendo; si es en olla express sólo durante 5 minutos y 25 ó 30 minutos si es en olla normal. Ya cocidas se pasan en el prensapapas y se agrega la mantequilla y la leche hirviendo, batiendo muy bien y sazonándolo.

PAPAS FRANCESAS

³/₄ de litro de aceite para freír
sal
agua
4 papas blancas peladas y cortadas en tiras

En una cacerola profunda se coloca el aceite. Se rocía la sal. Conforme se van pelando y cortando las papas se colocan en un recipiente con agua para evitar que se oxiden. Cuando el aceite está caliente se secan las papas con una toalla de papel y se van echando poco a poco en el aceite. Se recomienda ponerlas en una canasta de alambre especial (en caso de no tenerla usar una coladera). Se doran bien por todos lados pero evitando que adquieran un color café.

CÁSCARAS CON TOCINO

6 papas blancas
6 rebanadas de tocino
1 cucharada de cebollín picado
150 gramos de mantequilla
100 gramos de queso Manchego rallado
sal y pimienta

Se lavan las papas y se meten al horno a 200°C ó 400°F envueltas en papel aluminio por espacio de 1¹/₂ horas o hasta que se cuezan. Se cortan a lo largo y se les saca la pulpa dejando únicamente la cáscara. Se untan de mantequilla y se añade el tocino picado, previamente dorado, y por último el cebollín. Se meten en una charola al asador solamente a que gratine* el queso.

PAPAS AL HORNO

6 papas blancas grandes
2 cucharadas de cebollín picado
2 cucharadas de tocino frito y picado
mantequilla
crema
sal y pimienta

Se meten al horno caliente a 200°C ó 400°F envueltas en papel aluminio por espacio de 1½ horas o hasta que estén suaves. Se parten a lo largo y se sirven con los demás ingredientes.

CAMOTES AMARILLOS CON MIEL

2 camotes amarillos cocidos
3 cucharadas de miel de colmena

Se cuecen los camotes, se pelan y se cortan en rebanadas gruesas. Se colocan en un platón refractario y se vacía la miel encima. Horno a 175°C ó 350°F durante 15 minutos.

PURÉ DE CAMOTE

½ taza de leche caliente
75 gramos de mantequilla
¾ de taza de azúcar
4 camotes amarillos cocidos y pelados

En la leche caliente se derrite la mantequilla y se pone el azúcar. Los camotes se ponen a cocer pelados. Ya cocidos y calientes se pasan por el prensador directamente al recipiente que contiene la leche; y se bate constantemente hasta lograr la consistencia deseada.

PURÉ DE CAMOTE CON MALVAVISCOS

Se pone la mitad del puré en un platón refractario. Se colocan pocos malvaviscos y se rocían de nueces. Se vierte el resto del puré y se acomodan los malvaviscos restantes con unas nueces para formar un diseño. Se mete al horno hasta que se doren los malvaviscos y se sirve inmediatamente.

PURÉ DE CAMOTE CON NARANJA

4 naranjas cortadas a la mitad ya ahuecadas
jugo de las 4 naranjas
8 malvaviscos

Al puré se le quita la mitad de la leche y se completa con el jugo de las naranjas. Se rellenan las naranjas y se coloca un malvavisco en el centro. Se meten al asador hasta que se fundan los malvaviscos y se sirven de inmediato. Las naranjas se pueden cortar en picos para que luzcan más.

ENSALADA DE ESPINACAS

¹/₂ kilo de espinacas muy bien lavadas
1 manojo chico de berros
100 gramos de tocino frito
50 gramos de champiñones crudos rebanados
2 huevos cocidos

Se mezclan todos los ingredientes perfectamente y se adereza con salsa de soya (ver "Salsas").

ENSALADA DE BERROS Y NARANJA

4 manojos de berros
2 naranjas

Se lavan muy bien los berros, habiendo cortado las hojas y un trocito del tallo; se escurren y se dejan en el refrigerador envueltos en un trapo limpio hasta la hora de servirlos. Las naranjas se pelan y cortan en rebanadas delgadas y también se enfrían.

ADEREZO

6 a 8 cucharadas de aceite de oliva
1 cucharada de cebollín picado
2 cucharadas de vinagre de vino
1 cucharadita de mostaza de Dijon

Se mezclan todos los ingredientes, sazonándolos.

Antes de servirse los berros se acomodan en la ensaladera, arreglando cuidadosamente las rebanadas de naranja, y se bañan con el aderezo.

ENSALADA DE LECHUGA

1 lechuga orejona
sal y pimienta

La lechuga se lava perfectamente y después se deja remojando agregando al agua unas gotas de desinfectante. La lechuga se puede rebanar, dejar las hojas sueltas o picar, dependiendo de cómo se empleará. Una vez remojada se sacude muy bien y se guarda en el refrigerador en una bolsa de plástico, a la cual se le habrán hecho unos agujeritos. Ya para servirse se baña con el aderezo de vinagre y aceite (ver "Salsas").

ENSALADA DE PEPINOS A LA FRANCESA

2 pepinos grandes
¼ de taza de aderezo clásico francés (ver "Salsas")
2 cucharadas de perejil picado finamente
1 cucharada de tarragón (estragón) fresco finamente picado; 1 cucharadita
*   si es seco*
½ taza de crema espesa

Para que los pepinos no amarguen, se les cortan las puntas y se tallan hasta que salga un poco de líquido blanco; se pueden servir con o sin piel.

Los pepinos se pelan y cortan en rebanadas delgadas; se les agrega sal y se dejan tapados en un tazón con agua fría por espacio de 1 hora o más. Se enjuagan y secan. Se rocían con el aderezo mezclando bien y se dejan en el refrigerador durante media hora o más.

Antes de servirse se adornan con el perejil y el tarragón. La crema, a la cual se debe añadir un poco de sal, se coloca encima.

ENSALADA DE PEPINOS CON ENELDO

2 pepinos grandes
⅛ de litro de crema agria
¼ de cucharadita de eneldo

Se preparan los pepinos como se indica en la receta anterior. Se puede sustituir la crema por mayonesa. Se mezcla la crema con el eneldo y se agregan a los pepinos después de haberlos escurrido y secado con una toalla de papel.

ENSALADA DE PAVO Y FRUTA

4 tazas de pavo cocido y picado
1 taza de piña picada
1 taza de nueces picadas
1 taza de uvas sin semilla
1 taza de manzana picada
1 ½ tazas de mayonesa

Se mezclan todos los ingredientes y se refrigeran. Se puede servir dentro de medio melón ahuecado o medio coco (con un poco de coco rallado encima). También puede servirse sobre una rebanada de piña en almíbar, poniendo un poco de queso Cottage encima. Se adorna con una hoja de hierbabuena o perejil.

ENSALADA DE ATÚN

2 latas de atún en aceite
1 lata de chícharos y zanahorias
1 taza de mayonesa
1 cucharada de chiles en vinagre picados
1 taza de lechuga en rebanadas delgadas

Se mezclan todos los ingredientes, teniendo cuidado de no desbaratar el atún. Se puede servir en una cama de lechuga francesa, para lo cual la ensalada se pone en un molde individual, presionando con una pala de madera, y después se vacía sobre la lechuga. También se puede servir sobre una rebanada de piña en almíbar.

ENSALADA DE POLLO

4 pechugas de pollo cocidas y cortadas en cubitos
4 ramas de apio cortadas finamente
1 cucharada de cebolla rallada
1 cucharada de chiles en vinagre picados
½ lechuga orejona rebanada finamente
2 tazas de mayonesa con limón

Se mezclan todos los ingredientes, teniendo cuidado de que el pollo no se desbarate. Se sazona.

Se puede servir con lo siguiente: nueces, uvas sin semillas, tocino frito y desmenuzado, manzana en cubitos (con o sin cáscara), pimientos morrones de lata o nueces de la India.

Para una fiesta se escoge una piña madura y se corta una especie de tapa. La piña se ahueca y se rellena con la ensalada de pollo, de papa o de camarones. La piña se adorna con un listón alrededor.

ENSALADA DE CAMARONES

1 kilo de camarones cocidos
1 lata de chícharos finos
½ taza de lechuga finamente rebanada
1½ tazas de mayonesa con limón
1 cucharada de chiles en vinagre picados
1 lata de pimientos morrones

Se mezclan los ingredientes y con las manos se le da forma de pescado a la ensalada; el ojo se forma con una aceituna rellena de pimiento y con los pimientos rebanados se forma la cola.

ENSALADA DE PIMIENTOS

4 pimientos rojos o amarillos
2 cucharadas de mostaza de Dijon
1 a 2 cucharadas de vinagre de vino
sal y pimienta al gusto
5 cucharadas de aceite de oliva
1 cucharada de perejil picado finamente y/o cebollín

La pimienta recién molida le da mayor gusto a los platillos.

Después de lavar y secar los pimientos, se pondrán en la parrilla volteándolos frecuentemente hasta que se tuesten por todos lados. Se desprende la piel bajo el chorro de agua fría. Se cortan en tiras —4 a 6 piezas por pimiento— quitando todas las semillas y fibras. Se secan en toallas de papel.

Se mezclan la mostaza y el vinagre, sazonándolo*. Se añaden los demás ingredientes y se baten perfectamente con un tenedor. Finalmente como adorno se espolvorea el perejil y/o el cebollín picado.

Se pueden emplear jitomates en vez de los pimientos.

ENSALADA DE AGUACATE Y QUESO

Para 8 personas:

2 lechugas francesas
4 aguacates
2 quesos de cabra (de ceniza)
6 ramas de albahaca fresca o 1 cucharada de albahaca seca desmoronada
³/₄ de taza de aceite de oliva
vinagre
sal y pimienta al gusto

La lechuga se lava perfectamente descartando las hojas marchitas; se seca con toallas de papel y se va acomodando en platos individuales. El queso se mete al congelador por media hora para facilitar rebanarlo sin que se desmorone. Se rebana el aguacate y se van alternando el queso y el aguacate y se baña con la salsa.

SALSA:

Se mezcla en la licuadora la albahaca, el aceite, vinagre, sal y pimienta.

ENSALADA DE MOZZARELLA Y JITOMATE

Para 8 personas:

2 lechugas francesas
4 jitomates bola
¹/₂ kilo de mozzarella o panela
salsa de albahaca

Se acomoda en cada plato la lechuga después de lavarla perfectamente y secarla con toallas de papel. El jitomate se pela metiéndolo en agua hirviendo por un minuto para evitar que se cueza. Se rebana y se acomoda en el plato alternándolo con las rebanadas de queso.

Se baña con la salsa de albahaca de la receta anterior.

PESCADOS Y MARISCOS

$\mathcal{G}$racias a las costas tan extensas que tiene México contamos con una gran variedad de pescados y mariscos. Aprende a seleccionarlos: los ojos deben ser brillantes, claros, abultados y llenos; las escamas de color brillante; las agallas, rojizas. El pescado fresco crudo no debe tener un olor penetrante y su carne debe ser firme y elástica.

Si vas a servir porciones individuales (pescaditos enteros) calcula de 450 a 500 gramos por persona. Si son filetes, 250 gramos por persona.

Su preparación es muy rápida. En el horno calcula de 30 a 45 minutos para su cocimiento. Para saber que está cocido se alza cuidadosamente con un tenedor por uno de los lados: debe desprenderse fácilmente del tenedor, estar blanco y sin ninguna transparencia.

Si vas a asar o a freír los filetes no te tomará más de cuatro a cinco minutos.

HUACHINANGO CON MOSTAZA Y CREMA

1 kilo de huachinango (lomo sin espina o filetes)
6 limones (jugo)
sal y pimienta
¼ de kilo de queso Manchego, Chihuahua, Gruyère, etc.
½ taza de mostaza
¼ de litro de crema

El pescado se lava perfectamente y se seca con una toalla de papel. Se coloca en el molde donde se horneará y desde la víspera se le vacía el jugo de limón. Al día siguiente se escurre, se le pone sal y pimienta y se unta con una masa preparada con el queso rallado, la mostaza y la crema. Se guarda una poca de salsa para ponérsela antes de meterlo al horno. Una hora antes de servirse se mete al horno mediano (175°C ó 350°F).

HUACHINANGO AL MOJO DE AJO

4 dientes de ajo
1 cebolla mediana
1/4 de taza de vinagre
2 kilos de huachinango fresco
1/4 de taza de aceite de oliva
100 gramos de mantequilla
1/2 taza de perejil picado

Se muelen el ajo, la mitad de la cebolla, la sal, la pimienta y el vinagre. Con esta mezcla se unta el pescado (puede usarse una gran variedad de pescados, no necesariamente el huachinango). En una charola de horno se agrega un chorrito de aceite, después el pescado y el resto del aceite por encima. Se cubre con una bolsa de papel de estraza o papel de aluminio. Rinde para 8 personas.

SALSA

Se fríe la mantequilla con el resto de la cebolla picada hasta que se acitrone* y se agrega el perejil. Se sirve muy caliente.

HUACHINANGO O ROBALO EN SALSA DE UVAS

1 kilo de lomo de huachinango o robalo
sal y pimienta
2 limones (el jugo)
hierbas de olor*
salsa bechamel (ver "Salsas")
2 tazas de vino blanco
200 gramos de uvas blancas sin semillas

El pescado se lava muy bien con las yemas de los dedos revisando que no haya quedado ninguna espina. Se coloca en un platón refractario, se sazona* y se le pone el jugo de limón y las hierbas de olor. Se mete a horno mediano (170°C ó 350°F) por espacio de 20 minutos. Mientras tanto se prepara la salsa bechamel, quitándole un poco de leche y añadiendo el vino y las uvas bien lavadas y sin el tallo. Se deja hervir a fuego lento con las uvas.

El pescado se saca del horno y se escurre el líquido que haya soltado, el cual se aparta en un molde refractario; se baña el pescado con la salsa bechamel y se vuelve a meter al horno hasta que se cueza. El molde que contiene la salsa también se coloca dentro del horno y se baña el pescado de cuando en cuando para que no se seque.

CONCHAS DE PESCADO

3 cucharadas de mantequilla
2 cucharadas de poro picado
2 cucharadas de perejil picado
3 cucharadas de harina
½ taza de leche
⅛ de cucharadita de nuez moscada
½ kilo de rebanadas de huachinango o robalo (cocido con las
*   hierbas de olor*)*
hierbas de olor*
½ taza de crema
sal y pimienta
200 gramos de queso Chihuahua o Manchego rallado
chiles en vinagre (opcional)
8 conchas
½ taza de polvo de pan

Se fríen el poro y el perejil en la mantequilla hasta que se cristalicen. Meneando constantemente se agregan harina, leche, nuez moscada y poco caldo del pescado, ya colado. Al final se agregan crema, sal, pimienta y el queso rallado. Las conchas se untan de mantequilla y se espolvorean con polvo de pan. Horno 175°C ó 350°F a gratinar.

CONCHAS DE JAIBA

Se limpia con mucho cuidado la jaiba y se prepara como se indica en la receta anterior.

CONCHAS DE CAMARONES FRESCOS

½ kilo de camarón fresco
3 cucharadas de mantequilla o margarina derretida
3 cucharadas de harina
½ cucharadita de sal
¼ de taza de jerez seco
1½ tazas de leche
1 pizca de pimienta y paprika
8 conchas
queso Parmesano al gusto

El camarón se cuece, se limpia y se desvena. Se corta en trozos. La mantequilla se derrite; se añade la harina y se mueve hasta que espese. Se agregan los demás ingredientes menos el queso. Se vierte en conchas (8 aproximadamente) y se espolvorean con queso colocándolas en el asador hasta que éste se derrita.

CONCHAS DE JAIBA "PALOMA"

Si la jaiba es cruda, se cuece en poca agua con hierbas de olor*. Se limpia, desmenuza, lava y baña en jugo de limón para blanquearla. También se puede usar cualquier tipo de pescado.

2 cucharadas de cebollín picado
1 lata chica de champiñones
1 cucharada de consomé de pollo en polvo
1 cucharada de harina
⅛ de litro de crema
⅛ de litro de vino blanco
1 pizca de nuez moscada
2 yemas
½ kilo de jaiba
8 conchas
pan molido
queso Parmesano rallado

Si no se consigue cebollín, se puede usar poro o cebolla. Se acitrona en mantequilla a fuego suave y se agrega una lata de champiñones rebanados guardando el líquido; se agrega 1 cucharada de consomé de pollo en polvo, la harina y se deja cocinar moviendo durante 2 minutos. Se agrega la crema y el vino blanco, el líquido de la lata colado y se sazona durante 15 minutos. Se sazona con sal, pimienta y nuez moscada hasta lograr una pasta consistente y fina. Se aparta de la lumbre y se le añaden 2 yemas batidas con unas gotas de jugo de limón y el pescado. Las conchas se engrasan con mantequilla y se espolvorean con el pan y queso molidos. Se rellenan y se hornean a 175°C ó 350°F por espacio de 20 minutos.

FILETES DE PESCADO REBOZADOS

1 kilo de pescado en filetes
sal y pimienta
½ taza de harina
aceite para freír
2 huevos batidos ligeramente

Los filetes se lavan y revisan hasta no encontrar espinas. Se ponen en un tazón con sal y pimienta y se enharinan colocándolos en papel encerado. Se calienta el aceite y los filetes se meten uno a uno en el huevo batido. Se fríen en la grasa a calor mediano y, una vez que hayan dorado por un lado, se voltean hasta que se acaben de cocer. Se sirven con mayonesa, salsa tártara o salsa para pescado (ver "Salsas").

FILETES DE SOL CON NUECES (LENGUADO)

$^1/_4$ *de taza de nueces más 12 mitades*
1 cucharadita de sal
$^1/_2$ *cucharadita de pimienta blanca*
$^1/_4$ *de cucharadita de nuez moscada rallada o en polvo*
1 cucharada de harina
1 huevo
1 cucharada de agua
4 filetes de sol
4 cucharadas de mantequilla
2 cucharadas de aceite de oliva
1 poro finamente picado
$^1/_4$ *de taza de vermouth*
jugo de $^1/_2$ *limón*
1 cucharada de perejil picado

Se muelen las nueces hasta que parezca harina (no utilizar el procesador o licuadora). Las mitades de nuez se doran en el horno y se pican. La nuez molida se mezcla con la sal, pimienta, nuez moscada y harina en un plato tendido. Se bate el huevo con el agua. Usando un tenedor se mojan los filetes en el huevo batido y luego en la harina de nuez.

En una sartén se derriten 2 cucharadas de mantequilla con el aceite y se fríen los filetes por un lado (no deben voltearse más de una vez). Los filetes se cuecen pronto, por lo que se debe tener cuidado al cocinarlos. Manténganse los filetes calientes en un plato que haya sido previamente calentado. En otra sartén se pone la mantequilla restante y se acitrona el poro. Se agregan el vermouth y el jugo de limón. Se cocina durante 2 minutos y se sazona*. Después se añaden las nueces restantes, y el perejil. Con la cuchara se voltea unas cuantas veces. Se vierte sobre los filetes y se sirve bien caliente.

MOUSSE DE ATÚN

1 sobre de gelatina sin sabor
2 cucharadas de jugo de limón
$^1/_2$ *taza de caldo de pollo hirviendo*
$^1/_4$ *de taza de leche*
1 cucharadita de mostaza
2 cucharadas de perejil picado
1 cucharadita de eneldo
1 cucharada de cebolla rallada
$^1/_4$ *de cucharadita de pimienta*
1 lata de atún escurrido
$^1/_2$ *taza de pepino rallado*
$^1/_2$ *taza de mayonesa con limón*

Se suaviza la gelatina en el jugo de limón en un tazón grande. Se añade el caldo moviendo hasta disolver la gelatina. Se agregan los demás ingredientes excepto el atún y el pepino. Se enfría durante media hora o hasta que esté ligeramente cuajada. Se bate hasta que esté espumosa. Se incorporan el atún y el pepino. El molde se embarra con poca mayonesa y se vacía la mezcla anterior. Se refrigera durante 3 horas o hasta que esté firme.

MOUSSE DE MARISCOS

1 lata de sopa de jitomate
1 queso crema grande
1 paquete de gelatina sin sabor
1 taza de mayonesa
½ kilo de camarón cocido
1½ tazas de apio picado
½ kilo de jaiba cocida
1 cebolla mediana rallada

Se calienta la sopa y ahí se disuelve el queso. La grenetina se diluye en dos cucharadas de agua caliente y se añade la mayonesa. Se agrega a la sopa. Se añaden los demás ingredientes mezclando bien. Se vacía en un molde untado con mayonesa. Se prepara un día antes para que se cuaje y se adorna con perejil chino. Se sirve frío.

PESCADO EN SALSA EXCÉLSIOR

1½ kilos de huachinango
jugo de un limón
⅛ de taza de aceite de oliva
hierbas de olor*
sal y pimienta
2 jitomates
1 frasco chico de aceitunas
3 huevos cocidos
6 ramitas perejil
1½ tazas de jugo de naranja
1 lata de pimiento morrón
1 naranja rebanada

El pescado se coloca en un platón refractario con el limón, aceite, hierbas de olor, sal y pimienta y se hornea por 20 minutos. El resto de los ingredientes se pican y se mezclan con el jugo de naranja. Una vez cocido el pescado (la carne debe verse blanca y no transparente) se saca del horno, se le quita el pellejo y se cubre con la salsa. Se decora con rodajas de naranja.

PESCADO RELLENO "SOCO"

2 kilos de lomo de pescado
sal y pimienta
2 limones
3 cebollas medianas
1/8 de litro de aceite de oliva
30 gramos de manteca
hierbas de olor*
6 chiles poblanos limpios*
1/2 kilo de camarones cocidos
1/8 de litro de salsa catsup
1 frasco chico de mayonesa
3 pimientos morrones de lata
5 huevos cocidos
perejil picado
1 frasco chico de aceitunas rellenas de pimiento morrón
2 lechugas orejonas
vinagre

El pescado se lava y se unta muy bien de sal, pimienta y jugo de limón. Se coloca en un refractario con una cebolla rebanada, 4 cucharadas de aceite y hierbas de olor. Se cuece a horno mediano (175°C ó 350°F). Ya frío se rellena de la siguiente manera: en la manteca (se puede usar aceite) se fríen las cebollas rebanadas, los chiles asados, desvenados y cortados en tiritas finas y la mitad de los camarones; se agrega la salsa catsup, sal y pimienta. Cuando espesa se retira del fuego y se rellena el pescado. Se cubre con la mayonesa y se adorna con tiritas de morrón de lata. Entre los espacios se colocan las claras finamente picadas, las yemas pasadas por colador, el perejil, mitades de aceitunas y el resto de los camarones. En la boca se le pone una rebanada de limón y alrededor se coloca la lechuga finamente picada y sazonada con aceite, vinagre, sal y pimienta. Rinde para 12 personas.

PASTEL DE PESCADO

450 gramos de filete de pescado
1 lata de salmón
100 gramos de mantequilla
3 yemas de huevo
1/8 de litro de crema
sal y pimienta

Se muele bien el pescado sin pellejo (en crudo) y el salmón. La mantequilla se derrite y se mezcla con todos los ingredientes y el pescado. Se unta un molde con mantequilla y ahí se coloca la pasta y se cuece a baño María* por espacio de 45 minutos a una hora.

Se sirve con salsa bechamel (ver "Salsas"), a la cual se le habrá agregado el agua del pescado que suelta al cocerse y unos chicharitos de lata. También se puede servir con mayonesa hecha en casa (ver "Salsas").

ROBALITOS CON TOCINO

6 robalitos
1 diente de ajo
2 ramitas de apio
½ taza de cebolla picada
1 pimiento verde o 1 chile poblano crudo
2 cucharadas de aceite de oliva
½ taza de galleta salada
1 huevo batido
salsa inglesa
consomé de pollo en polvo
12 tiras de tocino

Se lavan perfectamente los pescados. Se pica el ajo, apio, cebolla, pimiento (o chile); se fríen en el aceite y se añade la galleta molida, huevo, salsa inglesa y consomé. Se rellenan los pescados con esta mezcla. Se envuelven con el tocino y se asan.

DEDOS EMPANIZADOS

1 kilo de lomo de pescado cortado en fajitas de 3 cm de ancho por
  8 cm de largo
¼ de taza de leche
sal y pimienta
1 bolsita de polvo de pan
aceite para freír

El pescado se lava perfectamente y se revisa que no haya espinas. Se coloca en un platón en donde se le pondrá la leche y se sazonará*.

Sobre un papel encerado se coloca el pan molido y se empanizan los deditos oprimiendo el pan para que se pegue bien. Se calienta el aceite y se baja a calor mediano; se colocan los deditos y se fríen lo más cerca del aceite para que no salpique la grasa. Cuando la mitad ya está dorada, se voltean para dorarlos del otro lado y se acaben de cocer. Se colocan encima de papel de estraza para quitar el exceso de aceite. Se sirven con salsa tártara o salsa para pescado (ver "Salsas"). Los camarones o filetes de pescado se pueden preparar de la misma manera.

DELICIA DE ATÚN

1 lata de sopa de crema de hongos
1 lata de atún escurrido
1¼ de tazas de papas fritas desmenuzadas
½ taza de leche
1 taza de chícharos cocidos
¼ de taza de crema
1 cucharada de perejil picado
¼ de taza de pimientos picados

En una cacerola se mezclan todos los ingredientes, menos el perejil y el pimiento. Se colocan en un refractario y se hornea a 175°C ó 350°F, por espacio de 25 a 30 minutos. Se adorna con el perejil y el pimiento.

ZARZUELA DE PESCADO Y MARISCOS "ESTRELLA"

½ kilo de calamares
½ taza de cebolla
½ kilo de almejas
1 kilo de huachinango en trozos
½ kilo de robalo
½ kilo de langostinos
1 kilo de camarón
4 tazas de puré de jitomate base
1 cucharadita de pimentón en polvo
azafrán (unas hebras)
3 cucharadas de perejil picado
2 limones

Los calamares limpios se rebanan en rodajas, se fríen en aceite de oliva con cebolla picada, se les agrega agua y se dejan cocer con las almejas. Los pescados se cortan en trozos, se pasan por harina y se fríen. Los langostinos se abren y los camarones se pelan. Todo se fríe bien y se pasa a una cazuela. Aparte se fríe el puré, se le añade pimentón en polvo y unas hebras de azafrán. Ya que está bien refrito se le añade el pescado. Se agrega el agua en la cual se cocieron los calamares y las almejas. Se deja cocer a fuego lento moviendo de vez en cuando para evitar que se pegue. Las almejas se han puesto con anterioridad en un poco de agua caliente y ya que están abiertas se les quita la tapa de encima y se colocan de adorno sobre la zarzuela. Se espolvorea de perejil picado y rodajas de limón. Se sirve bien caliente. Rinde para 12 personas.

PULPOS EN ESCABECHE "GLORIA"

1 kilo de pulpos
¹/₄ de cebolla finamente picada
¹/₂ taza de jugo de limón
1 cucharada de apio picado
chiles en vinagre al gusto
aceite de oliva
1 aguacate pelado y picado
1 jitomate pelado y picado

A los pulpos se les quita "la piedra" (parte dura). Se lavan muy bien y se les desprende la tinta (una bolsita que contiene un líquido negro). Se cuecen con hierbas de olor*, una cebolla y poca sal durante ³/₄ de hora (aproximadamente) en la olla express. Una vez cocidos se les quita la piel oscura, se pican y se dejan reposando en el limón. Ya fríos se les agrega la cebolla, apio y el chile picado. Para servirse se les agrega un chorrito de aceite de oliva, el aguacate y jitomate picados.

PULPOS MARINERA

1 kilo de pulpos picados
¹/₄ de taza de aceite de oliva
3 dientes de ajo
¹/₂ cebolla picada finamente
2 cucharadas de poro picado
2 clavos
2 pimientas gordas
2 ramas de tomillo
4 limones (el jugo)
3 tazas de puré base de jitomate
¹/₂ taza de vino tinto
2 cucharadas de sazonador
1 hoja de laurel

Se cuecen los pulpos como se indica en la receta anterior. Se puede pedir al pescadero que corte la bolsita de la tinta y la envuelva por separado.

Se fríen ajo, cebolla y poro en el aceite durante unos minutos hasta acitronar. Se agregan clavos, pimientas y tomillo y con una cuchara de palo se mueven durante unos minutos. Inmediatamente después se añaden los pulpos, jugo, jitomate, vino y la tinta; se deja hervir la tinta por espacio de 10 minutos y se sazona*. Se tapa y se deja reposar antes de servirse. Este platillo se puede preparar desde la víspera. Se acompaña con arroz blanco o pasta.

SALMÓN AHUMADO

Para 8 ó 10 personas

¹/₂ kilo de salmón ahumado
¹/₂ taza de cebolla finamente rebanada
¹/₂ cucharadita de sal
2 limones (el jugo)
¹/₂ taza de aceite de oliva
¹/₄ de taza de vinagre
¹/₂ cucharadita de eneldo
2 cucharadas de alcaparras
1 cucharadita de pimienta recién molida
pan tostado cortado en cuadros
1 queso crema suavizado

El salmón viene en paquetes sellados; hay que desprender el papel celofán que divide los filetes y se van acomodando en un platón (que no sea de metal). La cebolla se coloca en un refractario con agua y sal hasta cubrirla para desflemarla (quitarle el sabor picante de la cebolla cruda). Pasada una hora se cuela y se seca con toallas de papel. Se le añaden todos los demás ingredientes mezclándolos bien y con esto se cubre el salmón. Ya para servirse se aparta la cebolla y se coloca en otro platón. Se tuesta pan y se corta en cuadros untándolos con el queso crema.

CARNES Y POLLO

CARNE DE RES

La calidad depende de la edad del animal. La mejor es la de un ternero de cuatro o cinco años. Deberá ser firme al tacto y marmoleada, y la grasa color crema. Si la carne es congelada será de un color más oscuro.

Para prepararla (si es congelada) se debe dejar desde la víspera sin papel, y una vez descongelada cocerla, freírla o asarla. El horno de microondas tiene un procedimiento para descongelar carne en caso de urgencia.

No trate de lavarla, pues perderá mucho de su valor nutritivo.

''Mechar'' la carne es introducir pequeños pedazos de tocino, zanahorias, etc., dentro del trozo de carne para obtener un mejor sabor.

CARNE DE TERNERA

La ternera es menos firme que la res. Su carne es rosada, igual que la grasa que la rodea. Requiere de mayor tiempo para su cocimiento y como es deficiente en grasa y poco sápida, habrá que agregarle mantequilla y especias para que adquiera un mejor sabor.

CARNE DE PUERCO

La carne es de grano fino y firme. La carne de un animal joven es muy clara y la de uno mayor más rosada. Seleccione la de menos grasa visible pues aun en la carne magra habrá bastante grasa.

CARNE DE POLLO

El color de la carne varía de pálido a amarillo, pero esto no hace que varíe su sabor. La gallina es mucho más grande y dura, pero es especialmente buena para los caldos.

CARNE ASADA

Se compran bisteces de aguayón o bola que es de la carne más suave. Se prepara momentos antes de servirse para que no se seque. La sartén de teflón o de aluminio grueso será la indicada; ésta deberá untarse ligeramente de grasa y estar muy caliente cuando se coloque la carne para asarse.

La carne deberá cambiar de color con el fuego; se empalidecerá y cuando esto se observe habrá que voltearla para que se cueza por el otro lado. Hasta este momento se le pondrá sal y pimienta y se sirve de inmediato.

El gusto por el grado de cocimiento de la carne varía. Hay personas a quienes les gusta casi roja y a otras bien cocida; de esto dependerá el tiempo de preparación. La carne muy cocida pierde un poco de sabor y de jugo natural, por lo que se procurará servir en un término medio.

La carne de res puede servirse incluso cruda; por el contrario, todas las demás, y sobre todo la de cerdo, deben cocerse bien.

MILANESAS

2 huevos batidos
¹/₄ de litro de leche
sal y pimienta
6 milanesas de res o ternera
harina

Se baten los huevos con la leche. Se sazonan. Las milanesas se vuelcan en harina y luego se bañan con esta mezcla. Se fríen hasta lograr un dorado parejo por ambos lados.

Se pueden servir con 2 huevos estrellados encima y acompañarse con puré de papas o papas francesas.

BISTECES ENCEBOLLADOS

6 bisteces
aceite para freír
sal y pimienta
1 cebolla mediana rebanada finamente
¹/₄ de taza de vinagre

Se fríen los bisteces en poca grasa y se sazonan. Las cebollas se fríen hasta acitronarse. En la olla express se colocan los bisteces y la cebolla y se rocían con el vinagre. La carne se corta en trozos pequeños. Se cuece por espacio de 20 minutos.

BISTECES EMPANIZADOS

6 bisteces de bola de res
2 huevos batidos
¹/₄ de litro de leche
pan molido
sal y pimienta

Se preparan igual que en la receta anterior.

BISTECES DE CARNE MOLIDA "PACHOLAS"

1 chorizo de Toluca
1 chile ancho lavado y hervido
¹/₂ kilo de carne de res molida
sal y pimienta

El chorizo se desmorona y se muele con el chile ancho cocido, lo cual se mezcla muy bien con la carne molida y se sazona. Si no se tiene metate se forman bolitas y se hacen tortillitas, poniéndolas entre dos plásticos, ya sea con el rodillo o con el tortillero. En una sartén ligeramente untada de grasa se asan.

HAMBURGUESAS

³/₄ de kilo de carne de res molida
sal y pimienta
bollos para hamburguesas

Se forman tortitas gruesas con la carne molida o se cortan con el cortador especial. Se fríen en una sartén gruesa en la que se pondrá un poco de mantequilla y se sazonan. Los bollos se tuestan en el horno. Si se desea se puede colocar una rebanada de queso amarillo encima de la carne y se meterá al horno a gratinar*.
Se pueden servir con: salsa de jitomate (catsup), mostaza, mayonesa, crema, aguacate, lechuga, jitomate, pepinillos agrios, chiles en vinagre, etc.

ALBÓNDIGAS

$^1/_2$ *kilo de carne de res molida*
1 huevo
1 pedazo de pan remojado en leche
arroz (un puño chico)
sal y pimienta
2 huevos cocidos y picados
2 tazas de puré base de jitomate
8 tazas de caldo o agua

Se mezcla la carne molida con el huevo, el pan y un puñito de arroz crudo. Se sazona, se forman bolitas y se rellenan con un poco del huevo cocido. Se ponen el caldo y el puré en una cacerola, se sazonan y se van echando las albóndigas. Se dejan hervir a fuego lento hasta que éstas se cuezan.

ALBÓNDIGAS CON CHIPOTLE SECO

8 chipotles secos tostados
1 diente de ajo
10 tomates cocidos
$^1/_2$ *kilo de carne molida de res*

Se tuestan los chipotles con mucho cuidado y se muelen con el ajo y los tomates. Esta salsa se fríe y luego se le agrega un poco del caldo en donde se cocieron los tomates. Se van añadiendo las albóndigas y se dejan cocer a fuego lento.

ALBÓNDIGAS CON CHIPOTLE ADOBADO

2 chipotles adobados
1 taza de puré base de jitomate

Se muelen los ingredientes y se agregan 8 tazas de agua o caldo, en el cual se irán agregando las albóndigas.

PICADILLO

> 2 cucharadas de cebolla rallada
> 3 tazas de puré base de jitomate
> 1 cucharada de perejil picado
> sal y pimienta
> ½ kilo de carne molida de res
> 1 cucharada de almendras picadas
> 1 cucharada de azúcar
> 1 cucharada de acitrón picado
> ½ cucharadita de canela molida
> 2 cucharadas de pasitas

Se fríe la cebolla hasta que acitrone*, se agregan el puré y el perejil. Se sazonan y se añaden los demás ingredientes hasta que se cueza la carne. Con esta preparación se pueden rellenar los chiles poblanos o empanaditas.

PASTEL DE CARNE

> ½ kilo de carne de res molida
> ¼ de taza de mostaza
> 4 cucharadas de salsa inglesa
> 2 cucharadas de salsa Maggie
> ½ cucharadita de cebolla rallada
> ½ bolillo remojado en leche
> ½ taza de salsa catsup
> 2 cucharadas de salsa de soya
> 2 huevos batidos
> sal y pimienta

En un tazón grande se mezclan todos los ingredientes y se baten con una pala de madera. Se prueba y se sazona. Se coloca en un molde refractario (como de panqué) se mete a horno mediano de 170°C ó 350°F durante 1 hora aproximadamente. Se puede servir frío o caliente.

ROAST BEEF

> ¼ de taza de aceite
> ¾ de taza de vinagre
> 1 cucharadita de orégano
> 1 cucharadita de mejorana
> 1 cucharadita de tomillo
> 1 kilo de roast beef
> 1 cebolla
> 2 tazas de agua
> sal y pimienta

Se mezclan el aceite, el vinagre y las hierbas de olor y se vacían encima de la carne, dejándola macerar* durante varias horas o desde la noche anterior. En una charola de horno se ponen la cebolla y 1 taza de agua. La carne se coloca con la grasa hacia arriba. Se condimenta con sal y pimienta. Horno 200°C ó 400°F durante 1½ horas.

RES EN TROZO

1 kilo de carne de res en trozo
6 ramas de mejorana
½ taza de vinagre
6 ramas de tomillo
2 pimientas delgadas
1 taza de agua
4 hojas de laurel
sal y pimienta

Se dora la carne en poca grasa y se escurre perfectamente. Los demás ingredientes se muelen en la licuadora y se separa la mitad. La carne se mete al horno bañándola con la mitad del licuado y la otra se pone en un pocillo de aluminio, en el horno también, para ir bañando la carne cuando le haga falta. Horno 170°C ó 350°F durante 1½ horas.

ROPA VIEJA

½ kilo de falda de res o cuete
⅛ de taza de cebolla finamente picada y ¼ de cebolla en trozo
⅛ de taza de aceite
2 jitomates pelados y picados
4 ramas de cilantro
6 chiles serranos verdes cortados en rajas
1 taza de caldo de la carne
1 huevo batido

Se cuece la carne con bastante agua y cuando suelte el hervor se espuma*; se agrega la sal y un pedazo de cebolla. Se deshebra en pedazos chicos y se le quita pellejo y grasa.

En una cacerola se pone a calentar el aceite y después, bajando el fuego, se fríen la cebolla y el jitomate. Se añaden el cilantro, carne y chiles para freírlos ligeramente. Se vacía el caldo colado y cuando esté hirviendo se le agrega el huevo, revolviendo hasta que éste se cueza. El resto del caldo se puede aprovechar para la sopa.

Este guisado puede emplearse como relleno de tacos.

SALPICÓN

¹/₂ kilo de falda de res o cuete
4 ramas de cilantro (las hojas solamente) lavadas y picadas
¹/₄ de taza de aceite de oliva
¹/₈ de taza de vinagre
1 lata chica de chiles en vinagre (opcional)
sal y pimienta al gusto
¹/₄ de taza de cebolla rebanada finamente
2 jitomates sin pellejo, rebanados finamente
1 aguacate rebanado
100 gramos de queso añejo desmoronado
tostadas

Se cuece y deshebra la carne como se indica en la receta anterior. Se deja enfriar. Se añade el cilantro. Se adereza con aceite, vinagre y los chiles. Se sazona. El platón se adorna con ruedas de cebolla, jitomate, aguacate y se espolvorea con queso.

Se puede acompañar con tostadas o usar como relleno para tortas.

TOSTADAS

Las tortillas se fríen en bastante aceite hasta que endurezcan y después se ponen sobre papel absorbente para quitarles el exceso de grasa. No deben prepararse con mucha anticipación para que no se reblandezcan.

FALDA "RANCHERA"

¹/₂ kilo de falda de res o cuete
¹/₄ de taza de cebolla picada
2 jitomates asados, molidos y colados
4 chiles cuaresmeños (jalapeños) en rajas
hierbas de olor (mejorana, tomillo y laurel)
1 taza de caldo de la carne
3 papas cocidas y cortadas en cubos
20 tortillas chicas
1 lechuga picada finamente
¹/₄ de litro de crema agria

Se cuece la falda y se deshebra. Se fríen la cebolla y el jitomate con los chiles y las hierbas (2 ramas de mejorana, 2 de tomillo y 1 hoja de laurel); se agrega la carne con el caldo y las papas. Se rellenan las tortillas para formar unos tacos. Los tacos se pueden freír o sencillamente servir muy calientes tanto las tortillas como el relleno. Se cubren con lechuga y se rocían con la crema.

TINGA

¹/₄ de kilo de tomates
2 jitomates pelados
1 cebolla rebanada
¹/₄ de kilo de carne de res
¹/₂ kilo de maciza de puerco (res o pollo)
1 taza de caldo de la carne
1 lata chica de chipotles adobados
1 huevo batido

Los tomates, jitomates y cebolla rebanados se fríen perfectamente. La carne se cuece con sal y un pedazo de cebolla. Una vez cocida se corta en pedazos chicos y se incorpora a la salsa anterior. Se añade el caldo, los chipotles al gusto y el huevo a que den unos hervores.

EMPUJE DE RES CON CERVEZA

2 cucharadas de aceite de oliva
1 kilo de empuje de res
2 cebollas grandes rebanadas
2 cucharadas de harina
sal y pimienta
1 botella de cerveza

Se calienta el aceite en una cacerola y la carne se dora en él. Se pone la carne en la olla express. En la grasa se fríen las cebollas hasta que se acitronen y empiecen a tomar color. Se rocían con la harina y se vacían sobre la carne. Se añade la cerveza y 1 taza de agua y se tapa la olla. Se cuece por espacio de 45 minutos o hasta que esté suave. Se puede acompañar con puré de papa.

CUETE EN FRÍO

¹/₂ kilo de cuete
1 cebolla chica
2 cucharadas de sal

La carne se pone en una olla express con bastante agua. Ya que se espumó* se agrega una cebolla chica y sal. Se tapa la olla y se cuece por espacio de 1 hora. Esta carne es muy dura. Si no se cuece en olla express, tardará 4 horas aproximadamente.

Se deja enfriar y se corta en rebanadas delgadas.

SALSA

½ taza de mayonesa
unas gotas de salsa Tabasco
1 cucharada de crema agria
1 cucharadita de cebolla rallada
1 cucharada de mostaza
sal y pimienta

Se mezclan todos los ingredientes y con esta salsa se baña la carne.

CUETE EN VINAGRETA "CHUQUI"

¾ de kilo de cuete
6 dientes de ajo pelados
agua (la necesaria)

La olla donde se pondrá a cocer la carne se unta de grasa y se calienta; ahí se fríen los ajos y la carne hasta que estén dorados. Se agrega agua y ya que se espumó* se sazona. Si se pone en olla express tardará una hora en cocerse y 4 horas en olla normal.

SALSA PARA LA VINAGRETA

3 cucharadas de cebolla rallada
1 lata de pimientos morrones en rajas; unos picados y otros para adorno
2 huevos cocidos picados
3 cucharadas de perejil picado finamente
1 lata de chiles largos

Se mezclan todos los ingredientes menos los chiles; se agrega poco caldo de la carne y una pequeña cantidad del vinagre de los chiles. Se pican 2 chiles y los demás se utilizan como adorno. Se prueba y se sazona la salsa. Se vacía sobre la carne previamente acomodada en el platón.

FILETE TAMPIQUEÑA

Son tiras de filete muy suaves y se preparan de la misma manera que la carne asada. Generalmente se acompañan de rajas, chilaquiles y frijoles.

FILETE CON MOSTAZA

Se compran filetes mignon que son centros de filete un poco más gruesos y redondos.

SALSA

6 filetes mignon
1 cucharada de salsa Maggi
2 cucharadas de mostaza
1 cucharadita de salsa de soya
1 cucharada de salsa inglesa
sal y pimienta
6 cucharadas de crema agria

En una sartén gruesa untada de grasa y bien caliente, se colocan los filetes que habrán sido marinados* en la salsa previamente elaborada con todos los ingredientes menos la crema; se cuecen por ambos lados; los filetes tomarán más tiempo en cocerse que los bisteces por ser más gruesos. Ya que estén cocidos se les vaciará la crema ya sólo para que se calienten y se sirven de inmediato.

FILETE AL HORNO

4 dientes de ajo molidos
1 cebolla rallada
¹/₄ de taza de aceite
1 kilo de filete de res limpio
150 gramos de jamón cocido en rebanadas delgadas
150 gramos de tocino
1 taza de vino blanco

Se mezclan el ajo, la cebolla y el aceite y se unta el filete con esta mezcla. Se cortan rebanadas hasta abajo, pero sin separarlas del trozo, y se ponen tajadas de tocino y jamón entre cada una. Se coloca en una charola de horno y se agrega el vino y un poco de agua. Se sazona. Se mete a horno mediano (170°C ó 350°F) durante 1 hora si se desea rojo o media hora más si se desea bien cocido. Se debe calcular con precisión el tiempo de servirlo para que no se seque. Se puede agregar una lata de chícharos de lata aproximadamente 15 minutos antes de sacarlo del horno.

TERNERA CON ALMENDRAS

175 gramos de champiñones cortados en rebanadas delgadas
4 cucharadas de mantequilla
4 cucharadas de aceite de oliva
sal y pimienta
2 cucharadas de jerez seco
6 milanesas de ternera (de 100 a 150 gramos cada una)
6 rebanadas de jamón serrano
1 ó 2 huevos
harina
2 cucharadas de almendras rebanadas finamente
3 cucharadas de pan molido

Se fríen los champiñones en 1 cucharada de mantequilla y otra de aceite hasta que estén suaves y dorados. Se sazonan y se rocían con el jerez, permitiendo que se enfríen.

Con un rodillo y entre dos pedazos de papel encerado se palotean las milanesas hasta que queden muy delgadas. El jamón se pica y se pone en el centro de cada milanesa; se repite la operación con los champiñones. La milanesa se dobla como un sobre.

Se baten los huevos ligeramente con un poco de agua. Se mezclan las almendras con el pan molido. Después se enharinan las milanesas, se meten en la mezcla del huevo y se empanizan, apretando con la mano. Se meten un rato al refrigerador.

Un cuarto de hora antes de servir, se calienta la mantequilla restante con el aceite y ahí se fríe la carne hasta que quede dorada.

Se sirve con salsa holandesa (ver "Salsas").

HÍGADO ENCEBOLLADO

1 cebolla grande rebanada
¼ de taza de aceite para freír
6 bisteces delgados de hígado de ternera
jugo de 1 naranja (opcional)

La cebolla se fríe en el aceite y después se añaden los bisteces sazonándolos con sal y pimienta. Se rocían con el jugo de naranja y se fríen por sólo unos minutos para evitar que se endurezcan.

HÍGADO CON TOCINO

100 gramos de tocino
6 bisteces de hígado de ternera
2 chiles serranos

En una sartén se fríe el tocino y cuando esté dorado se retira y se pone a secar en un papel. En la grasa que soltó se ponen los bisteces y los chiles. Se sazonan y se fríen durante unos minutos.

MORTADELA CON CHIPOTLE

$^1/_2$ taza de cebolla rebanada finamente
4 rebanadas de mortadela de 2 cm de grueso
puré base de jitomate
1 chipotle adobado de lata picado

La cebolla se fríe hasta acitronarse. La mortadela se pica y se añaden los demás ingredientes hasta que dé unos hervores y se sirve.
También se puede empanizar y acompañar de una ensalada.

MORTADELA CON RAJAS

2 chiles poblanos asados, pelados y cortados en tiras delgadas
$^1/_2$ taza de cebolla rebanada finamente
2 cucharadas de mantequilla para freír
4 rebanadas de mortadela de 2 cm de grueso
$^1/_8$ de litro de crema

Se fríen las rajas y la cebolla en la mantequilla y cuando ya estén acitronados* se sazona, se agrega la carne y la crema sólo para que se calienten.

CORONA DE JAMÓN "JULIA"

1 kilo de jamón molido
$^1/_4$ de kilo de carne de puerco molida
5 rebanadas de pan de caja remojadas en leche
1 cucharada de mostaza
1 cucharada de sal
3 huevos enteros
mantequilla
$^1/_3$ de taza de azúcar morena (mascabado)
clavos de olor enteros (un puñado)

Se mezclan bien todos los ingredientes. Un molde de corona se unta de mantequilla y se le espolvorea el mascabado; en el fondo se le ponen unos cuantos clavos como adorno. Horno 170°C ó 350°F, de 45 a 50 minutos.

ASADO DE SAN FRANCISCO

1 kilo de lomo de puerco
1 rama de tomillo
2 dientes de ajo
1 rama de mejorana

Se parte en trocitos el lomo y se fríe hasta que adquiera un color oro. Se pone a cocer con los demás ingredientes hasta que esté suave y se agrega al adobo.

ADOBO

1 diente de ajo
1 cebolla chica
9 chiles anchos tostados y remojados
1 jitomate grande asado
½ cucharadita de orégano
3 cucharaditas de azúcar
3 tomates asados
3 cucharadas de vinagre
hojas de lechuga para adornar

Se muelen bien el ajo, la cebolla y los demás ingredientes. Después se les agrega el vinagre y se fríe hasta que espese. Se agrega la carne cocida hasta que sazone. Se adorna con unas hojas de lechuga y cebolla en rodajas.

LOMO CON COSTILLA EN ACORDEÓN

2 kilos de lomo con costilla
2 cucharadas de sal
½ cucharadita de pimienta
1 cucharadita de salvia molida
2 manzanas peladas y cortadas en gajos
½ cucharadita de jalea de manzana derretida en poca agua

Aproximadamente 3 horas antes de servir se hacen cortes entre las chuletas. En una taza se combinan la sal, pimienta y salvia, lo cual se unta a la carne. Se coloca en una charola de horno con la grasa hacia arriba y se hornea a 200°C ó 400°F por espacio de 1½ horas o hasta que esté prácticamente cocida la carne. Se colocan los gajos de las manzanas en los cortes y se embarra con la jalea. Se deja en el horno media hora más.

LOMO DE PUERCO EN NARANJA

1 kilo de lomo de puerco en trozo
1 taza de mermelada de naranja
4 cucharadas de mostaza

Se coloca la carne en un molde refractario. La mostaza se mezcla con la mermelada (que también puede ser de chabacano) y se vacía al molde cubriendo la carne. Se mete al horno (170°C ó 350°F) durante 1 hora aproximadamente o hasta que se cueza la carne. Las pechugas de pollo se pueden preparar también en esta forma.

LOMO DE PUERCO CON CHAMPIÑONES

1 kilo de lomo de puerco en trozo
3 dientes de ajo machacados
¼ de taza de harina
aceite para freír
2 hojas de laurel
1 lata grande de champiñones

Se raspa el lomo con un cuchillo y se unta perfectamente con el ajo; se envuelve en la harina. Se dora en la grasa y se escurre la sobrante. Se pone en una cacerola u olla express a cocer con el laurel, los champiñones y el jugo de éstos. En la olla express tardará aproximadamente 20 minutos, y 1½ horas en otro tipo de cacerola.

LOMO DE PUERCO CON CHIPOTLE

1 kilo de lomo de puerco en trozo
1 lata (mediana) de chipotles adobados
½ litro de crema
200 gramos de queso Manchego rallado

Se coloca la carne en un platón refractario. Los chipotles se muelen en la licuadora con la crema y se vacían encima del lomo; se cubre con el queso rallado. Horno 170°C ó 350°F durante 1 hora aproximadamente.

Las pechugas de pollo cocidas también se pueden preparar como se indica en esta receta.

LOMO DE PUERCO EN VERDE

1 kilo de lomo de puerco en trozo (cocido)
1 trocito de cebolla
¹/₂ kilo de tomate verde
1 diente de ajo
12 chiles serranos
¹/₂ taza de cilantro picado
¹/₄ de litro de crema
200 gramos de queso rallado

Se cuece el lomo en un litro de agua; se espuma*, se le añaden ¹/₂ cebolla y sal durante ¹/₂ hora a fuego mediano y aparte los tomates, cebolla, ajo y chiles, los cuales se muelen con el cilantro en la licuadora, se sazona. El lomo se coloca en un refractario, se le vierte la salsa anterior y la crema. Se espolvorea el queso encima. Horno 170°C ó 350°F de 15 a 20 minutos o hasta que gratine.

Las pechugas de pollo se pueden preparar en la misma forma.

LOMO DE PUERCO CON COCA-COLA

1 kilo de lomo de puerco en trozo
1 trozo de cebolla
1 Coca-Cola mediana

El lomo se coloca en un refractario y se le vacía el refresco. Se añade la cebolla. Horno a 170°C ó 350°F durante 1 hora aproximadamente.

Se puede usar Ginger Ale o refresco de naranja en lugar de la Coca-Cola.

JAMÓN O CHULETAS AHUMADAS CON PIÑA

3 cucharadas de mascabado
1 cucharada de mostaza
¹/₂ kilo de jamón o 6 chuletas ahumadas
1 lata de piña rebanada en almíbar

Se mezcla el mascabado con la mostaza y se unta la carne. Una hora antes de servir se vacía la piña sobre la carne incluyendo el líquido. Se mete al horno a 170°C ó 350°F y se sirve.

POLLO EN CHÍCHARO

1 pollo tierno
¹/₂ cebolla asada
3 dientes de ajo asados
1 trozo de poro
sal y pimienta
200 gramos de mantequilla
¹/₂ kilo de chícharos cocidos
¹/₄ de litro de crema

Se pone a cocer el pollo con la cebolla, ajos, poro y sal (ver "Caldo de pollo"). Una vez cocido el pollo se corta en pedazos, separando los muslos, piernas, alas, rabadilla y la pechuga en dos partes. Se les quita la piel y se fríen ligeramente en la mantequilla (previamente se secan las piezas con unas toallas de papel para evitar que salte la grasa).

Una vez fritas todas las piezas se quita el excedente de la grasa. El chícharo se muele con poco caldo en la licuadora y se baña el pollo con esta salsa; se sazona y se deja hervir a fuego lento durante 10 minutos. Ya para servir se agrega la crema, calentándola, pero sin dejar que hierva.

POLLO HONG KONG

1 pollo tierno (1¹/₄ kilos)
¹/₄ de taza de agua
¹/₂ taza de jerez dulce
¹/₄ de taza de salsa de soya
2 cucharaditas de sal
sazonador
¹/₄ de taza de miel de colmena

Se corta el pollo en piezas y se arregla en una sola capa en un refractario rectangular de 33 × 23 × 5 cm. Se mezclan: agua, jerez, soya y sal en un tazón y se vierten sobre el pollo, volteándolo de vez en cuando para que se humedezca parejo. Se deja marinar* durante cuatro horas o toda la noche en el refrigerador y se deja a temperatura ambiente durante 1 hora. Se escurre, reservando el líquido. Se arregla el pollo en una charola de horno con la piel hacia arriba y se barniza con parte de la marinada*.

Se hornea bañándolo con la salsa restante cada 20 minutos aproximadamente hasta que se cueza y dore.

POLLO EMPANIZADO

1 pollo tierno o 4 pechugas hechas milanesas
2 huevos batidos con un chorrito de leche
pan molido
aceite para freír
sal y pimienta

El pollo se pide cortado en piezas y se le quita la piel. Se moja con el huevo y se revuelca en el pan molido. Se fríe y se pone a escurrir sobre unas servilletas de papel para que absorban la grasa. Las milanesas se preparan de igual forma. El pollo tarda un poco más de tiempo en cocerse si se va a freír en crudo; si se prefiere puede cocerse con anterioridad y luego freírse, no así las milanesas, las cuales siempre se deben freír en crudo. Se pueden servir con puré de manzana.

POLLO EN SALSA DE CHAMPIÑONES

1 pollo tierno
175 gramos de mantequilla
50 gramos de harina
1 lata de champiñones (grande) o ¼ de kilo de champiñones frescos
1 lata de sopa de hongos
½ litro de caldo de pollo
⅛ de litro de crema

El pollo se limpia muy bien y se corta en raciones; se dora en la mantequilla con sal y pimienta y se le agrega agua para cocerlo.

SALSA

En 75 gramos de mantequilla se fríe la harina y cuando empieza a tomar un color oro, se agregan los champiñones molidos (si son de lata) o con poco caldo (si son frescos) y la sopa; se sazona con sal y pimienta. Se deja hervir hasta que espese y ya para retirarlo se le vacía la crema.

POLLO A LA MONTAÑESA

1 pollo tierno cortado en piezas
2 cucharadas de aceite de oliva
1 trozo de cebolla
¼ de kilo de jitomate rebanado
1 lata de pimientos morrones en tiras
150 gramos de tocino
½ taza de caldo
½ litro de vino blanco

Se fríe el pollo en aceite de oliva. En una cacerola se van colocando una tanda de pollo, una cebolla rebanada, una de jitomate, los pimientos y el tocino. Se baña con el vino, se tapa perfectamente y se deja cocer a fuego lento aproximadamente durante una hora.

POLLO A LA UVA

1 cucharada de mantequilla
1 cucharada de aceite
1 pollo tierno
sal y pimienta
1 cebolla grande rebanada finamente
2 dientes de ajo pelados
2 hojas de apio picadas
½ kilo de jitomate sin pellejo
¼ de taza de vino blanco
¼ de kilo de uvas sin semilla
⅛ de cucharadita de tomillo en polvo
⅛ de cucharadita de mejorana

El pollo se pone en un traste grueso donde previamente se derritió la mantequilla con el aceite. Se dora el pollo por todos lados, se sazona y se aparta conservándolo caliente. En la misma grasa se fríe la cebolla, ajo y apio durante 5 minutos, dejándolos acitronar*. Se pican los jitomates y se agregan a lo anterior. Se vacía esta salsa sobre el pollo y se hornea a 170°C ó 350°F por espacio de 20 minutos, se voltea y se deja otros 20 minutos aproximadamente o hasta que esté cocido. Se saca el pollo de la salsa y se conserva caliente. En la licuadora se muele la salsa para formar un puré. Se regresa el puré a la cacerola y se cocina a fuego lento hasta que espese (10 a 15 minutos). Se agrega el vino y se cocina durante 5 minutos, moviendo de vez en cuando. Se agregan las uvas y se mantiene el calor a lo mínimo por otros 5 minutos. Se coloca el pollo en el platón y se vierte la salsa encima. Se sirve de inmediato espolvoreándoles encima el tomillo y la mejorana.

PECHUGAS PARMESANAS

6 pechugas
2 huevos batidos
sal y pimienta
100 gramos de queso parmesano rallado
2 cucharadas de pan molido
¼ de mantequilla

Las pechugas aplanadas se ponen a remojar en el huevo batido con sal y pimienta; veinte minutos antes de servirse se empanizan con el queso y pan molido mezclados y se fríen en la mantequilla hasta que doren. A la mantequilla que se va a freír es recomendable ponerle un chorrito de aceite para evitar que se ponga negra.

PECHUGAS CON NARANJA

6 pechugas
4 cucharadas de mostaza
1 frasco chico de mermelada de naranja
½ cebolla

Se lavan muy bien las pechugas y unas horas antes de servirse se embarran con la mezcla de la mostaza y la mermelada; la cebolla se coloca en el molde en donde irán las pechugas y se meten al horno 170°C ó 350°F durante 1 hora o hasta que estén cocidas.

PECHUGAS EN SALSA VERDE

10 chiles verdes
1 kilo de tomate verde
1 cebolla chica
1 manojo grande de cilantro
6 pechugas cocidas
¼ de litro de crema agria
150 gramos de queso Chihuahua o Manchego rallado

Se ponen a cocer los chiles verdes con los tomates en poca agua y ya cocidos se muelen en la licuadora con la cebolla y el cilantro. Esta salsa se puede freír en poco aceite o dejarla solamente cocida. Se sazona. En un traste refractario se acomodan las pechugas cocidas y cortadas a la mitad, deshuesándolas; se les vacía la salsa encima, después la crema y por último el queso rallado. Se mete a horno mediano 170°C ó 350°F a gratinar*.

PECHUGAS EN CHIPOTLE

6 pechugas cocidas
1 lata (chica) de chipotles adobados
¼ de litro de crema agria
150 gramos de queso Manchego rallado

Se deshuesan las pechugas ya cocidas y se parten a la mitad. Se colocan en un refractario. El chipotle se muele en la licuadora con la crema. Esta salsa se vacía encima de las pechugas y se cubren con el queso rallado. En caso de que se sequen se les agrega un poco del caldo en el cual se cocieron las pechugas. Se mete al horno 170°C ó 350°F a gratinar*.

PECHUGAS CON NUEZ

4 pechugas en mitades
sal y pimienta
aceite para freír
100 gramos de nuez
50 gramos de pasas
¼ de litro de crema

Las pechugas se sazonan y se fríen pero sin que se doren. Se escurren y después se cuecen en poca agua. Se toma ½ taza del caldo, las nueces y pasas y se licuan. Se incorpora la crema poco a poco y se vierte la mezcla sobre las pechugas; se calientan a fuego lento para que la crema no hierva.

PECHUGAS CON CERVEZA

4 pechugas deshuesadas
100 gramos de jamón en rebanadas delgadas
100 gramos de queso amarillo en rebanadas
2 chiles poblanos asados, pelados y en rajas
150 gramos de tocino rebanado
pimienta al gusto
1 cucharadita de sal de ajo
1 cerveza

Las 4 pechugas se convierten en 8 al deshuesarlas; éstas se abren un poco o se piden como milanesas. Encima de ellas se coloca una rebanada de jamón, otra de queso y pocas rajas. Se enrollan y se amarran con las tiras de tocino. Se fríen y una vez cocidas se les escurre la grasa; se agrega la cerveza y se tapan hasta que den unos hervores. Se pueden acompañar con unos chícharos de lata que se añaden a la salsa 15 minutos antes de sacarlas.

CROQUETAS DE POLLO

½ kilo de pollo cocido, frío y picado finamente
¼ de cucharadita de salsa inglesa
¼ de cucharadita de pimienta recién molida
½ cucharadita de sal
1 cucharadita de cebolla picada finamente
jugo de un limón
1½ tazas de pan molido
1 huevo ligeramente batido con 2 cucharadas de agua
aceite para freír
salsa blanca espesa

SALSA BLANCA ESPESA

2 cucharadas de mantequilla
4 cucharadas de harina
½ taza de leche
1 cucharadita de poro bien picado
1 cucharadita de perejil bien picado
sal y pimienta al gusto
1 cucharadita de jugo de limón

Se derrite la mantequilla a fuego lento. Se añade poco a poco la harina a mezclar bien. Agréguense todos los demás ingredientes menos el limón. Se menea constantemente hasta que espese, entonces se añade el limón.

Se combina esta salsa con el pollo y la salsa inglesa, la pimienta, sal, cebolla y el jugo de limón. Se refrigera y ya fría se forman rollitos y se revuelcan en el pan molido. Se mojan en el huevo y se vuelven a empanizar; se refrigeran hasta que estén listos para freírse. Se fríen por 5 minutos o hasta que doren. Se secan en toallas de papel y se sirven inmediatamente.

POSTRES

*E*l final feliz de una comida.

Si la comida ha sido pesada, tu postre deberá ser ligero y, por el contrario, si ha sido ligera, date gusto con las cremas y el chocolate.

Usa tu imaginación para decorar: utiliza unas cerezas con hojas de yerbabuena, flores, almendras filadas, viruta de chocolate, etc., y ¡triunfo seguro!

CREMA DE NANTES

GELATINA:

2 sobres de grenetina sin sabor
½ taza de agua fría
3 yemas
150 gramos de azúcar
½ litro de leche
1 naranja (la cáscara)
1 raja de canela
¼ de crema dulce

La grenetina se disuelve en el agua y se separa. En una cacerola se mezclan las yemas con el azúcar. Se añade poco a poco la leche, la cáscara de naranja y la raja de canela; se ponen al fuego y se menea la mezcla continuamente. Apenas suelte el hervor se aparta, se agrega la grenetina disuelta y se mueve hasta diluirla. Se deja enfriar y se añade la crema. Se cuela y se vacía en un molde que se ha untado de aceite con anterioridad y se mete al refrigerador. Cuando esté cuajada se vacía en un platón previamente humedecido con poca agua (para poder colocar la gelatina en el sitio deseado) y se adorna con la salsa cuya receta damos a continuación. Si se doblan las cantidades no se agrega más cáscara de naranja porque puede amargar.

SALSA

150 gramos de azúcar
300 gramos de ciruela pasa
1 ejote de vainilla
agua (la necesaria para cocer las ciruelas)
1 naranja (el jugo)

En una cacerola se ponen a hervir todos los ingredientes hasta que las ciruelas estén suaves y la miel un poco espesa.

FLAN

½ litro de leche
1 raja de canela o vainilla
2 latas de leche condensada
6 huevos
1½ tazas de azúcar para el caramelo

Se pone a cocer la leche con la canela (o vainilla) a partir del primer hervor, se deja hervir durante 10 minutos. A esto se añaden las 2 latas de leche y los huevos (uno por uno) sin dejar de batir porque de esto depende la consistencia del flan.

En una cacerola se pone al fuego el azúcar con 2 cucharadas de agua. Se deja hervir hasta que tome un color dorado. El molde de aluminio que se emplea para hacer el flan generalmente es redondo porque es más fácil esparcir el caramelo en él. Se debe tener el cuidado de subirlo un poco en el molde rápidamente para que el caramelo no se endurezca. Se vierte el licuado al molde pasándolo por una coladera. El molde se coloca sobre una charola de horno, la cual debe tener suficiente agua. Horno 175°C ó 350°F de 50 a 60 minutos.

Al sacarlo del horno se deja en el molde durante 20 minutos aproximadamente y después se voltea sobre un platón con bordes para que no se derrame el caramelo. Se adorna con almendras cortadas a la mitad en forma de flores. Previamente las almendras se habrán puesto a hervir con poca agua y pelado. Cuando enfría se mete al refrigerador y se puede preparar desde la víspera.

FLAN CON FRUTAS "IRMA"

1 panqué de 250 a 300 gramos
1 flan preparado como se indica en la receta anterior (sin cocer)
1 taza de frutas cubiertas

Después de cubrir el molde con el caramelo se coloca el panqué cortado para forrar el fondo del molde. Se pican las frutas y se colocan encima del panqué y luego se vacía el licuado y se hornea en la misma forma.

POSTRES FÁCILES DE FRUTA

1 lata de leche condensada
frutas: plátano, mamey, melón, guayaba, papaya, mango, etc.

La pulpa de la fruta que se seleccionó se muele en la licuadora. Se vacía en un platón y se adorna con cerezas, almendras, nueces, etc., o también con hojas y flores.

CORONA DE HIGOS

20 higos pelados
1 lata de leche condensada

En un molde de corona se colocan los higos y se presionan ligeramente. La leche se vacía encima bañándolos completamente. Se dejan enfriar y se vacían en un platón.

CORONA DE CHICOZAPOTE

12 chicozapotes pelados y rebanados
1 lata de leche condensada

En un molde de corona se arreglan los chicozapotes limpios y rebanados en gajos colocándolos uno tras otro en un sentido y la siguiente capa en sentido contrario; al terminar se vacía la leche y con la mano se presiona un poco la fruta. Se mete al refrigerador durante 4 horas. Se desmolda y se coloca en un platón y alrededor unas hojas de galvia o de las que se tengan a la mano bien lavadas.

COMPOTA DE PAPAYA Y NARANJA

½ kilo de papaya pelada y rebanada
1 taza de gajos de naranja
1 taza de yogur natural
1 cucharada de miel de colmena
½ cucharadita de cardamomo
⅛ de cucharadita de sal

Se acomoda la fruta en un platón. Los demás ingredientes se mezclan bien y se vacían sobre la fruta.

FRUTA EN ALMÍBAR

1 kilo de fruta
¾ de kilo de azúcar
1 cañita de canela
agua (la necesaria)

Para la preparación de la receta se pueden utilizar las siguientes frutas:

guayabas (peladas y cortadas en cruz)
duraznos (pelados, rebanados y deshuesados)
peras (peladas, rebanadas y deshuesadas)
membrillos (pelados, rebanados y deshuesados)

Se coloca la fruta en una fuente de cristal, cerámica o plástico y se agrega el azúcar hasta cubrirla. Se deja reposar durante media hora. Después se pone a cocer con un litro y medio de agua y la canela hasta lograr una miel espesa y esté cocida la fruta. Se enfría antes de servirse.

COCADA

2 cocos frescos
¾ de kilo de azúcar
¼ de taza de agua
100 gramos de almendras
2 litros de leche
8 yemas

Los cocos tienen 3 puntos suaves que hay que perforar para extraerles el líquido. Se meten al horno mediano durante 20 minutos, lo cual facilita quitarles las cáscaras.

Los cocos se limpian y rallan. El azúcar se pone a remojar en el agua, durante 10 minutos se pone a fuego lento hasta que tome el punto de bola tierna (se echa un poco de la miel en agua fría y con dos dedos se toca hasta sentir que el azúcar esté como "una bola suave"). Se aparta de la lumbre y se agrega el coco rallado y la almendra molida (previamente se ponen a hervir las almendras, se pelan y se muelen); se dejan algunas almendras enteras para adorno. Se agrega la leche y se deja hervir, moviendo constantemente hasta que se vea el fondo del cazo. Las yemas se baten ligeramente y se añade un poco del coco; después se mezcla todo perfectamente bien. Se coloca en un refractario y se adorna con almendras. Se mete al asador hasta que dore, aproximadamente 15 minutos.

ARROZ CON LECHE

1 taza de arroz bien lavado
1 taza de agua
1 rollito de canela
1 litro de leche
azúcar al gusto
1 lata de leche evaporada

Se pone a cocer el arroz con el agua y la canela; cuando suelta el hervor se baja el calor para que siga hirviendo muy despacito. Cuando esté a punto de acabarse el agua se agrega la leche y se deja cocer el arroz hasta que esté suave. Entonces se añaden el azúcar y la leche evaporada. Cuando el arroz se enfría se hace una nata; si no se desea esto, se tapa la cacerola con un papel plástico.

Se le pueden agregar dos yemas bien batidas y cuando haya hervido con el azúcar, añadir un poco de arroz a las yemas, moviendo constantemente para que no se cuezan. Después se mezcla todo.

NATILLAS

1 litro de leche
½ taza de azúcar
1 rollito de canela o 1 ejote de vainilla
3 cucharadas de maicena
4 yemas batidas

Se pone a hervir la leche con el azúcar y la canela (o la vainilla) por espacio de 15 minutos a fuego lento. Se separa un poco de leche y se añade la maicena, moviendo constantemente hasta que se desbarate perfectamente. Después se vacía a la leche y se deja hervir hasta lograr la consistencia deseada. Las yemas se ponen en un tazón pequeño y ahí se vierte un poco de la leche moviendo continuamente para evitar que se cuezan. Una vez frías las natillas se cuelan y se pueden servir acompañando una rosca de chocolate, panqué o galletas o sobre alguna fruta fresca como fresas, duraznos, mangos, etc.

COPOS DE NIEVE

4 claras batidas a punto de turrón*
3 cucharadas de azúcar
natilla (utilizando las proporciones de la receta anterior)

Cuando está hirviendo la leche se van añadiendo cucharadas de las claras batidas con el azúcar; con una espumadera se voltean para que sólo den un hervor por ambos lados. Estos copos se ponen en una coladera grande sobre un tazón. Cuando se coloquen todos se regresa la leche que escurrió a la cacerola. Después de colar las natillas y acomodarlas en el platón, los copos se colocan encima, rociándolos con canela molida, un poco de cajeta o jarabe de chocolate.

TARTALETAS DE FRUTA

1 cucharada de agua hirviendo
4 cucharadas de mermelada de chabacano
¹/₄ de kilo de fresas limpias
12 tartaletas miniatura

En el agua se desbarata la mermelada. Las fresas se van mojando en ella y se colocan en las tartaletas. Se sirven inmediatamente para evitar que se remoje la pasta. Se pueden usar: uvas sin semillas, duraznos, chabacanos, peras o manzanas en almíbar (tratando de quitarles el almíbar). Se cortan finamente para formar un abanico o una bonita figura.

PASTELITOS PARA TÉ

Se prepara o se compra un panqué y se corta en diferentes figuras: diamantes, medias lunas, corazones, etc. Se cubren con el siguiente betún:

1¹/₂ tazas de azúcar granulada
³/₄ de taza de agua
¹/₈ cucharadita de crémor tártaro
2¹/₂ tazas de azúcar glass (pulverizada)
pinturas vegetales

En una cacerola se mezclan el azúcar granulada, el agua y el crémor tártaro. Se pone a hervir a fuego lento hasta que espesa. Se pasa a un tazón hasta que entibie. Se le añade el azúcar glass poco a poco moviendo hasta incorporarlo bien. Se divide en 3 diferentes porciones y se tiñe con gotas de diversos colores tenues: rosa, amarillo, verde. Con una cuchara se bañan los pastelitos y ya que sequen se colocan en un platón. Se pueden adornar con azúcar de colores.

GELATINAS

Las de paquete son sencillísimas y muy sabrosas. Con ellas se pueden elaborar postres muy variados con frutas, crema y diferentes salsas. Los moldes en que se pongan a cuajar las gelatinas deberán estar húmedos para facilitar que se desprendan al ponerlas en el platón; igualmente podrán cubrirse los lados del molde con clara batida o aceite para cocinar. Los platones también deberán estar húmedos para poder colocar la gelatina en el lugar deseado. Es preferible hacer las gelatinas desde el día anterior porque toman de 20 minutos a 4 horas para cuajar dependiendo de los ingredientes.

GELATINA DE MOSCATEL

2 sobres de gelatina sin sabor
¼ de taza de agua helada
2 tazas de agua hirviendo
4 yemas batidas
1 lata de leche condensada
¼ de taza de moscatel
colorante vegetal al gusto

Se disuelve la gelatina en el agua helada. El agua hirviendo se divide en 3 partes; en una se echan las yemas batiendo muy aprisa, en la otra tercera parte se pone la leche y en la otra la gelatina ya preparada.

Se junta todo batiendo y se le agrega el moscatel y colorante al gusto. Se refrigera hasta cuajar.

GELATINA DE FRUTAS

1 paquete de gelatina roja (fresa, frambuesa)
2 tazas de agua
1 plátano mediano rebanado
1 limón (jugo)
1 mandarina o naranja en gajos
12 fresas bien lavadas y cortadas a la mitad
1 manzana chica en rebanadas delgadas

Se disuelve la gelatina en el agua hasta que desaparezcan todos los grumos. Se prepara la fruta rociándola con el jugo para evitar que se oscurezca. Se coloca en el fondo del molde y la gelatina se pone en el refrigerador durante 15 minutos aproximadamente; después se vacía encima de la fruta. Se refrigera de nuevo hasta que esté completamente cuajada. Para servirse se coloca en un platón húmedo y se adorna. Las frutas se pueden cambiar según la estación.

GELATINA DE PIÑA "JULIA"

1 zanahoria rallada
1½ tazas de jugo de piña
2 sobres de gelatina de naranja o 1 paquete chico
¼ de taza de agua hirviendo
¼ de taza de jugo de naranja
1 cucharadita de raspadura de naranja
queso cottage suavizado con poca crema o ¼ de taza de mayonesa
1 lata de piña en almíbar (en trocitos) para adorno

Se coloca la zanahoria y la piña en el molde de rosca humedecido. La gelatina se disuelve en el agua hirviendo y se van incorporando los jugos y la raspadura hasta desbaratarla por completo. Se refrigera hasta cuajar completamente.

Se puede servir colocando en el centro el queso suavizado. Se adorna con la piña restante o bien se puede hacer una salsa de mayonesa con el jugo de naranja.

GELATINA DE COCO "YAYA"

4 sobres de gelatina sin sabor
1 taza de agua hirviendo
2 tazas de coco rallado
½ taza de leche
1 lata de concentrado de coco
1 lata de leche condensada
1 taza de crema líquida para batir

Se disuelve la gelatina en el agua. El coco se pone a hervir en la leche hasta que se suavice. Se mezcla todo en la licuadora perfectamente y se vacía al molde húmedo a cuajar. Se refrigera.

DULCE DE ZAPOTE

3 zapotes
2 naranjas (el jugo)
1 taza de azúcar

Los zapotes se pelan y se deshuesan. Se muelen con el jugo y esta mezcla se cuela; se añade el azúcar y se revuelve con la cuchara. Se mete al refrigerador.

MANZANAS AL HORNO

6 manzanas
¹/₂ taza de azúcar
50 gramos de mantequilla
2 rajas de canela
¹/₂ taza de vino blanco (opcional)

Las manzanas se lavan perfectamente y se ahuecan para quitarles el corazón donde se encuentran las semillas. Se rellenan con azúcar, trocitos de mantequilla y una rajita de canela. Se puede usar vino o agua para bañarlas. Se meten al horno mediano durante 20 minutos. Se pueden servir con crema natural o batida, helado de vainilla o de nuez.

CREMA PASTELERA

6 yemas
3 cucharadas de azúcar
¹/₂ taza de leche
1¹/₂ tazas de crema para batir
1 cucharadita de vainilla

Se baten las yemas con el azúcar a punto de listón*. Se añade la leche y después la crema en chorrito, moviendo constantemente; esta mezcla se pone en una cacerola en la lumbre a calor suave y se mueve hasta que empiece a espesar, pero evitando que hierva. Una vez que está lo suficientemente espesa se retira de la lumbre y se añade la vainilla. Se cuela. Se mete al refrigerador tapada. Se puede servir con fruta o como relleno de tartas con pasta hojaldrada.

CAPIROTADA

6 bolillos
aceite para freír
1 litro de agua
2 piezas de piloncillo
1 cañita de canela
1 cáscara de naranja
50 gramos de almendras
100 gramos de queso añejo rallado
100 gramos de pasitas

El pan se corta en rebanadas gruesas. En una sartén se calienta el aceite y se fríe el pan hasta dorarlo bien por los dos lados. Se escurre en una coladera. El agua se pone a hervir con el piloncillo, canela y la cáscara de naranja; se baja el calor y se deja hervir hasta que se reduzca a la mitad. En una taza de agua se ponen a hervir las almendras; apenas suelten el hervor se apartan, se pelan y se parten a la mitad. Se acomoda el pan en un molde para horno. Se baña con la miel y se le espolvorean el queso, pasitas y almendras. Se hornea a 175°C ó 350°F durante 15 minutos. En vez de freír el pan se puede dorar en el horno.

CREPAS

¹/₃ cucharadita de sal
3 huevos
1¹/₂ tazas de leche
1¹/₂ tazas de harina
2 cucharadas de aceite

Se mezclan todos los ingredientes perfectamente y se van haciendo las crepas delgaditas, vaciando poca mezcla en una sartén muy caliente, inclinándolo de un lado para el otro para esparcirla uniformemente. Cuando haga burbujas se voltea e inmediatamente se retira y se coloca entre papel encerado para evitar que se peguen.

Ya frías se pueden congelar fácilmente en un papel plástico autoadherible, para tenerlas listas en cualquier ocasión. Las crepas se pueden utilizar tanto en platillos dulces como salados.

CREPAS DE CAJETA

16 crepas
1 frasco chico de cajeta quemada
½ taza de crema
azúcar (opcional)
4 cucharadas de nuez picada

Las crepas se rellenan con la cajeta y crema mezcladas. Se doblan en 4 partes. Se espolvorean con azúcar y la nuez. Se meten al horno muy caliente o al asador de 3 a 4 minutos.

BLINTZES - CREPAS CON QUESO

16 crepas
1 queso crema grande
½ taza de queso cottage
2 yemas
1 taza de azúcar
1 limón (jugo y raspadura)
mermelada de zarzamora, chabacano o fresa (opcional)

Se rellenan las crepas con la mezcla de todos los ingredientes. Se doblan en 4 partes y se meten a horno mediano durante 20 minutos. Se sirven, si se desea, con alguna mermelada.

GELATINA DE CAJETA "BECKY"

1 litro de leche
1 frasco mediano de cajeta quemada (640 gramos)
1 litro de helado de nuez o vainilla
4 sobres de gelatina sin sabor
1 taza de agua

Se hierve la leche y se añade la cajeta meneando constantemente; se agrega el helado y la grenetina disuelta en la taza de agua. Se coloca en el molde y se refrigera.

MOUSSE DE FRESA "MAYALEN"

1 kilo de fresas sin tallos y lavadas
1½ tazas de azúcar
4 sobres de gelatina sin sabor disueltos en ½ taza de agua hirviendo
¾ de litro de crema dulce para batir
colorante vegetal rojo

SALSA:

¼ de kilo de fresas sin tallos y lavadas
½ taza de azúcar
¼ de taza de kirsch (licor de almendras)

Las fresas, el azúcar y la gelatina disuelta se muelen en la licuadora y se cuelan. En la batidora se bate la crema hasta que espese pero evitando que endurezca. Se envuelve con lo anterior y se agregan 4 ó 5 gotas rojas hasta lograr el color deseado.

Para preparar la salsa se licuan todos los ingredientes, con la que se bañará la mousse.

BAVARESA DE MANGO

1 taza de néctar de mango tibio
3 sobres de grenetina sin sabor disuelta en 2 cucharadas de agua fría
½ taza de azúcar
¼ de cucharadita de sal
1½ tazas de mango pelado, licuado y colado
1 cucharada de jugo de limón
¼ de litro de crema dulce para batir

Todos los ingredientes, a excepción de la crema, se muelen en la licuadora. La crema se bate hasta endurecer y se mezcla con lo anterior. Se vacía al molde untado con aceite. Se refrigera. Se pueden emplear piña, fresas o frambuesas en lugar de los mangos.

BAVARESA DE CHOCOLATE

2 sobres de gelatina sin sabor
½ taza de leche fría
50 gramos de chocolate (en trocitos)
1 taza de leche caliente
1 taza de crema dulce

2 cucharadas de azúcar
2 huevos
2 cucharadas de ron
1 taza de hielo entero o molido (en trocitos)
crema batida (opcional)

Se espolvorea la gelatina sobre la leche fría en la licuadora. Se deja reposar hasta que la gelatina se humedezca. Se añade el chocolate (reservando algunos trocitos para adorno) y la leche caliente. Se tapa y se muele a velocidad lenta hasta que el chocolate y la gelatina se disuelvan (2 minutos aproximadamente). Se apaga y se añade la crema, el azúcar y el ron y se muelen a máxima velocidad hasta mezclarlo todo perfectamente. Con la licuadora prendida se quita la tapa y se añaden los hielos uno a uno hasta que se derritan. Se vierte en moldes individuales adornándolos con el chocolate y la crema batida.

PANES Y PASTELES

*L*a preparación de un pastel es de las tareas más agradables en la cocina; cada quien le da un toque muy diferente y personal con arreglos de frutas, nueces, flores, etc. Disfruta de tus creaciones.

NOTAS PRÁCTICAS

Para la elaboración de panes y pasteles se deberá leer cuidadosamente la receta, sacar todos los ingredientes requeridos, así como los utensilios que se van a necesitar, lo cual ahorra mucho tiempo.

■ Mide la cantidad de grasa (mantequilla, margarina o manteca) en una taza de vidrio que estará llena de agua. Si necesitas una taza de mantequilla para la receta sólo se humedece la taza. Si necesitas 1/2 taza, la otra mitad deberá estar con agua, y así fácilmente se desprenderá la grasa. Si la mantequilla que vas a emplear está muy dura, suavízala con una cucharada de agua bien caliente.

■ Los moldes deberán ser del tamaño indicado. Si son demasiado grandes, la masa no subirá lo deseado y, en caso contrario, cuando la masa levanta por la levadura, se derrama.

■ Usa una brocha suave para engrasar moldes o charolas.

■ Deberán untarse los moldes con mantequilla, margarina o aceite suficiente pero no en exceso, quitando el sobrante con una servilleta de papel. Se les espolvorea un poco de harina o azúcar granulada hasta cubrirlos todos por su interior; después se golpean ligeramente sobre una mesa para quitar el sobrante. Esto se hace para evitar que la masa se pegue al molde. Indistintamente se pueden forrar los moldes con papel encerado engrasado o plástico adherible para facilitar su lavado.

■ Usa papel encerado o toallas de papel de cocina cuando ciernas los ingredientes.

■ La temperatura del horno generalmente es de 175°C ó 350°F. El horno deberá calentarse 10 minutos antes, para que cuando se vayan a meter los moldes o charolas esté a la temperatura requerida. Se recomienda no abrir la puerta del horno durante el cocimiento de los pasteles porque se bajarán inmediatamente y ya no esponjarán. El tiempo especificado en las recetas deberá marcarse en un reloj para evitar que se doren demasiado o se quemen. Hay broquetas (palillos de aluminio o madera) especiales para probar el cocimiento de los pasteles o panes. Si éstas salen limpias, los pasteles estarán listos. En caso de que al tocarlos se sienta una masa húmeda, necesitarán mayor tiempo de cocimiento. Otra forma de probar es presionar ligeramente con las yemas de los dedos la parte de arriba y si no quedan las huellas y vuelve a tomar su forma, estarán listos. Las parrillas del horno deberán estar centradas para que el calor se distribuya uniformemente. En caso de poner varios moldes, nunca hay que juntarlos y se debe evitar que toquen las paredes del horno. El aire debe circular entre ellos para lograr un cocimiento parejo.

En caso de que el pastel todavía no esté cocido y se esté dorando demasiado, se coloca un papel plateado encima, dejándolo holgado en forma de techo triangular.

Cuando ya terminó el cocimiento de los pasteles se sacarán y se colocarán sobre unas rejillas por espacio de 15 a 20 minutos y hasta entonces se voltearán sobre el platón en donde se van a servir.

Si el pastel es de varias capas y se va a glasear*, antes de voltearlo sobre el platón habrá que cortar varias tiras de papel encerado, bordeando el platón para evitar que se manche.

■ Después de preparar algún merengue o turrón, se colocan las yemas sobrantes en un frasco con agua, tapándolo bien y metiéndolo en el refrigerador (para usarlas posteriormente). Las claras sobrantes sólo hay que guardarlas en un frasco bien tapado en el refrigerador. Cuando se batan claras y yemas por separado, se baten primero las claras y luego se usan los mismos utensilios para las yemas sin necesidad de lavarlos.

■ Para embetunar, glasear o rellenar el pastel, éste tendrá que estar perfectamente frío, por eso es muy importante, cuando se decida qué receta se va a elaborar, calcular el tiempo de preparación, horneado, enfriado, etc. Lo ideal es preparar la masa desde el día anterior.

Actualmente es muy sencillo elaborar pasteles; las harinas preparadas son excelentes. Las explicaciones son muy claras y se pueden obtener magníficos resultados con gran facilidad. Por ejemplo, si en lugar de emplear el agua que se indica ésta se sustituye por crema o por jugo de naranja y la raspadura; jugo de piña de lata y trocitos de piña, o chocolate semiamargo rallado, se lograrán excelentes combinaciones con la misma mezcla. Igualmente se pueden enriquecer añadiendo 1 ó 2 huevos.

PANQUÉ BÁSICO

3 tazas de harina
3 cucharaditas de levadura en polvo
1½ tazas de mantequilla suavizada
1¼ de taza de azúcar
8 huevos separados
½ taza de crema

Se ciernen la harina y la levadura. Se acreman la mantequilla y el azúcar. Una vez acremadas se van añadiendo las yemas batiendo bien después de añadir cada una. Se agrega la harina y se mezcla con lo anterior. Las claras se baten a punto de turrón y se envuelven hasta que la masa esté perfectamente integrada. Se añade la crema.

Se puede agregar cualquiera de los siguientes ingredientes:
1 cucharadita de vainilla
1 cucharadita de raspadura de limón y el jugo del mismo
1 cucharada de jugo de naranja y el jugo de la misma
1 taza de nuez picada
1 taza de pasas
1 taza de fruta picada (mezclada con 1 cucharada de harina)

Para marmolear se derriten 2 tablillas de chocolate amargo; éste se añade a la masa que estará en los moldes y se "corta" con un cuchillo.

Se puede preparar también en tres partes, poniendo una parte de chocolate y dos de pasta blanca en diferentes moldes.

Esta cantidad alcanza para 2 moldes de panqué o 3 de pastel. Horno moderado 175°C ó 350°F por espacio de 50 minutos para 2 moldes; 35 minutos para 3 moldes o hasta que insertando un palillo o broqueta salgan limpios.

CORONA DE FRUTAS

¼ de taza de mantequilla
½ taza de azúcar
3 yemas bien batidas
1 taza de harina cernida
1 cucharadita de levadura en polvo
3 claras batidas a punto de turrón
¼ de cucharadita de vainilla

Se acrema la mantequilla con el azúcar. Las yemas se van agregando poco a poco y después la harina cernida con la levadura y se mezclan perfectamente. Al final se incorporan las claras y se añade la vainilla. El molde de rosca se unta de mantequilla y se espolvorea con azúcar. Horno 175°C ó 350°F durante 30 minutos aproximadamente. Cuando ya esté frío se vacían encima las frutas glaseadas que se hayan elegido: chabacanos, mangos, fresas, etc.

A la fruta se le hace un glaseado de la siguiente manera:

½ taza de azúcar
1 cucharada de maicena
1 taza de agua (o el jugo de la fruta)

Se mezclan bien el azúcar con la maicena y se añade el líquido hasta que hierva y logre la consistencia de una salsa espesa. Se vacía encima de la fruta. En el caso de las fresas se deben usar unas gotas de colorante vegetal rojo para la salsa.

PAN DE PLÁTANO Y NUEZ

2 tazas de harina cernida
½ cucharada de bicarbonato
2 cucharaditas de levadura en polvo
1 huevo batido
¾ de cucharadita de sal
1 cucharada de jugo de limón
1 taza de plátanos machacados
¼ de taza de aceite de maíz
1 taza de nueces quebradas
½ taza de azúcar

Se ciernen los ingredientes secos. Se añaden las ¾ partes de las nueces. Los demás ingredientes se mezclan y se añaden a lo anterior moviendo solamente hasta humedecer la masa. Se vierte sobre un molde de panqué engrasado de 23 × 12 cm. El resto de las nueces se revuelcan en un poco de azúcar y se ponen encima del panqué. Se hornea por espacio de 1 hora en horno mediano (175°C ó 350°F). Al sacarlo se coloca sobre una rejilla de metal y se deja enfriar por espacio de 15 a 20 minutos. Se voltea sobre un platón.

PANQUÉ DE CHOCOLATE

120 gramos de chocolate semiamargo
1/4 de cucharadita de canela molida
2 3/4 tazas de harina cernida
1/2 cucharadita de bicarbonato
1 1/4 tazas de azúcar
1 cucharadita de sal
3/4 de taza de leche
1 cucharadita de vainilla
1 taza de mantequilla suave
3 huevos enteros
1 yema
3/4 de cucharadita de crémor tártaro

Se derrite el chocolate sobre agua caliente y se deja enfriar. Los ingredientes secos se ciernen. Se bate un poco la mantequilla y se le agregan los ingredientes secos, la leche y vainilla, batiendo 2 minutos en la batidora o 300 veces con la mano. Se añaden los huevos, la yema y el chocolate, batiendo durante un minuto más. Se engrasa un molde de rosca y se corta un pedazo de papel encerado para ponerlo en el fondo. Se vacía la masa. Se hornea a 175°C ó 350°F alrededor de 65 minutos. Se saca del horno y se deja enfriar en el molde por espacio de 15 minutos. Se voltea sobre una rejilla y se deja enfriar completamente para glasearlo.

GLASEADO DE CHOCOLATE

120 gramos de chocolate semiamargo
1 cucharada de mantequilla
1 taza de azúcar pulverizada cernida
1 pizca de sal
1/2 cucharadita de esencia de vainilla

El chocolate y la mantequilla se ponen a derretir sobre agua caliente. El azúcar y la sal se mezclan y se les añade poco a poco el chocolate y la vainilla hasta lograr que estén bien mezclados. Con esta mezcla se baña el pastel.

PANQUÉ DE DOS YEMAS

200 gramos de mantequilla
200 gramos de azúcar
2 yemas
2 claras
1 naranja rallada
1 taza de leche
200 gramos de harina
1 cucharadita de polvos de hornear

Se acreman la mantequilla y azúcar. Las yemas se baten a punto de listón*
y las claras en otro tazón a punto de turrón*. Cuando ambas están listas se
agregan las yemas a la mantequilla y la raspadura y se van alternando la leche
con la harina. Por último se añaden las claras. Se vacía en un molde engrasado. Horno 175°C ó 350°F, por espacio de 35 a 40 minutos.

PAN DE MANZANA Y NUEZ

1 kilo de perón pelado y rebanado finamente
1 taza de mantequilla suave
¼ taza de jugo de limón
⅓ taza de crema
1 taza de nuez picada
1 taza de harina cernida
1 taza de azúcar
1 cucharadita de polvo de canela

Se unta un molde rectangular con mantequilla y se acomoda la manzana. Se
mezclan los demás ingredientes perfectamente y se vacían encima. Horno
175°C ó 350°F durante 45 minutos aproximadamente.

PAN DE MANZANA

mantequilla (la necesaria)
1 kilo de manzana
1 taza de azúcar
½ cucharadita de canela
½ taza de crema espesa
1 taza de harina
3 huevos
½ taza de leche

Se unta el molde desmontable con bastante mantequilla, se acomoda la manzana pelada y cortada en gajos no muy delgados y se espolvorea con el azúcar
y la canela mezcladas. Con el resto de los ingredientes se hace un atole en
la licuadora y se vierte encima. Se mete a horno mediano durante 1 hora aproximadamente. Se deja enfriar perfectamente y se desmolda.

PASTA HOJALDRE

Con esta pasta que se compra preparada en las panaderías se pueden preparar empanadas, volovanes, pays, etc. y se combinan con infinidad de rellenos. El relleno para la pasta deberá estar siempre frío, porque por su alto contenido de mantequilla ésta puede cocerse con el calor. La pasta se palotea muy delgada entre dos hojas de papel encerado, se hornea a calor mediano y estará lista cuando dore por encima. Ver: rollo de manzana, cuadritos de manzana, cuadritos de queso crema, diamantes de pasta hojaldrada, empanadas de jamón y queso, strudel de hongos, etc.

PASTEL MIL HOJAS

½ kilo de pasta hojaldrada (ver "Pasta Hojaldre")
1¼ tazas de crema pastelera (página 166)
½ taza de crema dulce
6 cucharadas de azúcar glass

Se extiende la pasta a formar un rectángulo. Se divide en 3 partes iguales. Se colocan en charola de horno picándolas con un tenedor en toda su superficie. Se cubre con papel encerado y se meten al refrigerador por media hora. Luego se hornea a 175°C ó 350°F por 20 minutos o hasta que dore. Ya fría se corta a emparejar los bordes con un cuchillo muy filoso. En dos de las tres capas se rellena con crema pastelera, se colocan una sobre la otra; se espolvorea el azúcar glass con un cernidor o con una coladera encima de la última capa. Se calienta una broqueta de metal tomándolo con un guante grueso y se hacen marcas diagonales logrando así un efecto muy profesional.

Se puede cubrir con otra mezcla:

½ taza de azúcar glass cernida
jugo de 1 limón
1 tablilla de chocolate semiamargo derretido

El jugo de limón se va añadiendo poco a poco al azúcar hasta lograr una pasta espesa con la que se cubre la última capa. El chocolate se derrite a baño María* o en el microondas por 20 segundos. Se vierte en chorrito delgado formando un bonito diseño.

CREMA PASTELERA

Esta crema se usa para una gran variedad de tartaletas de frutas y pasteles. Rinde 3 tazas.

4 yemas
1/2 taza de azúcar
2 1/4 de taza de leche hirviendo
1/4 de taza de harina cernida
1 cucharadita de esencia de vainilla o 1 cucharada de raspadura de naranja o limón.

Se baten las yemas y azúcar hasta que estén cremosas y pálidas. Poco a poco se van añadiendo la leche y la harina batiendo constantemente. Se pone a lumbre baja sin dejar de menearla y se retira en cuanto suelta el hervor. Se añade la esencia de vainilla o la raspadura de la fruta.

HOJALDRE CON FRUTAS

1/4 de kilo de pasta hojaldrada (ver "Pasta Hojaldre")
1 taza de crema pastelera
1/2 kilo de fresas, uvas, kiwi, higos, etc.
3 cucharadas de mermelada de chabacano

Se extiende la pasta a formar un rectángulo. Se unta de mantequilla el exterior de un molde de panqué, subiendo el borde a 4 cm, se cubre con la pasta y se pica con un tenedor. Se mete al refrigerador por media hora. Se coloca el molde pasta hacia arriba sobre una charola de horno. Se hornea de 15 a 20 minutos a horno de 175°C ó 350°F. También se puede hacer en moldes individuales de tartaletas.

Se deja enfriar y se desmolda cuidadosamente.

Se rellena con la crema pastelera y se acomodan las frutas seleccionadas tratando de hacer un diseño bonito con ellas. La fruta se barniza con la mermelada de chabacano que se habrá calentado con ½ cucharadita de agua.

ROLLO DE MANZANA

1/2 kilo de pasta hojaldre (ver "Pasta Hojaldre")

RELLENO:

3 cucharadas de mantequilla
1/2 kilo de manzanas lavadas, peladas y rebanadas finamente
1/2 taza de azúcar mezclada con 1 cucharadita de canela en polvo
1 huevo batido
1/2 taza de pasas
2 cucharadas de azúcar glass
2 cucharadas de pan molido

En la mantequilla se fríen ligeramente todos los ingredientes y se dejan enfriar. La pasta se extiende hasta formar un rectángulo de 40 × 30 cm. El relleno se coloca a 2 cm de las orillas. Se empieza a enrollar del lado más largo y se va apretando. Con los dedos se pellizca la orilla para que ésta quede hacia abajo. Se barniza con el huevo y se mete a horno mediano de 30 a 45 minutos.

Cuando está tibio se espolvorea con azúcar glass y se sirve de inmediato. Se puede servir con crema batida o helado.

PAY

(Para 2 costras de 20 centímetros)
2 tazas de harina
1 cucharadita de sal
$^1/_3$ de taza de manteca vegetal
4 ó 5 cucharadas de agua fría

Se ciernen la harina y la sal. Se agrega la manteca y con dos cuchillos o un mezclador se incorpora la manteca hasta obtener pedazos del tamaño de un chícharo. Se añade una cucharada de agua a la vez y con un tenedor se va incorporando hasta humedecer la pasta. Se junta con las manos para formar una bolita y se divide a la mitad. Se envuelve en papel encerado. Se refrigera por espacio de 20 minutos y después se palotea en una superficie enharinada hasta formar un círculo de 30 centímetros de diámetro. Se enrolla en el palote para depositarlo en el molde o se dobla en 4 partes y se coloca. Se pica con un tenedor o se ponen frijoles crudos en el fondo para evitar que la masa se infle. Se hornea a 250°C ó 475°F durante 8 minutos. Se enfría y se rellena. Si van a usarse las dos costras, entonces se hornean en crudo con el relleno.

TIPS PARA LOGRAR UNA PASTA PERFECTA

Para redondear bien se debe palotear del centro a la orilla, levantar el palote y repetir la operación.

Para evitar que se remoje la pasta inferior, en los rellenos de frutas frescas, rociar un poco de la mezcla de azúcar y harina en la parte de abajo.

Para el relleno de las frutas enlatadas se escurre el líquido, el cual se espesa con un poco de maicena y se vacía sobre la fruta.

Para los rellenos cremosos la pasta inferior se barniza con un poco de huevo y se enfría un poco la pasta.

Para darle un brillo especial a la tapa se barniza con leche, crema, mantequilla o margarina derretidas y se espolvorea con azúcar granulada.

AÑADA UN SABOR EXTRA

Mezcle $^1/_2$ cucharadita de salvia, mejorana, tomillo, polvo de chile o de curry con la harina para realzar el sabor de su pay de carne o pollo.

Para pay de chocolate o de frutas 1 cucharada de canela en polvo o de nuez moscada le dará un sabor diferente.

Todo tipo de nueces, almendras y piñones molidos con la harina mejorarán el sabor de su pasta.

Para pays de frutas se mezcla un queso crema chico con la grasa cortándolo al mismo tiempo y mezclándolo luego con la harina.

Se mejorará notablemente el sabor de la pasta con ½ taza de queso Chihuahua o Manchego rallado añadido a la harina.

PAY DE PIÑA

(Preparar con anticipación)
1 sobre de gelatina sin sabor
½ taza de azúcar dividida
1 lata de piña en trocitos (reservando ½ taza de la miel)
1 cucharadita de raspadura de naranja
2 claras a temperatura ambiente
½ taza de crema batida
costra de coco (receta a continuación)

En una cacerola se mezclan la gelatina, ¼ de taza de azúcar y la miel reservada. Se mueve hasta que todo se disuelva perfectamente. En la licuadora o procesador se muele la piña. Se le añaden la gelatina y la raspadura. Se refrigera moviéndola de vez en cuando hasta que logre la consistencia de una clara de huevo. Las claras se baten hasta que formen puntas suaves y poco a poco se vacía la otra ¼ taza de azúcar hasta lograr un turrón brillante y firme. Se envuelve la gelatina y la crema batida. Se vierte sobre la costra de coco. Se refrigera toda la noche. Se puede decorar con crema batida y coco tostado si se desea.

COSTRA

En una sartén se derrite ¼ de mantequilla o margarina y se añade 1½ tazas de coco rallado. Se pone a fuego suave hasta que adquiera un color dorado. Con las manos se presiona sobre el fondo de un molde. Se refrigera.

PAY DE QUESO RÁPIDO

1 taza de galletas graham o marías molidas
3 cucharadas de azúcar
3 cucharadas de mantequilla o margarina derretida
2 quesos crema
1 lata de leche condensada
2 huevos
1 taza de crema dulce
1 sobre de grenetina sin sabor disuelta en ¼ taza de agua hirviendo
1½ cucharaditas de vainilla líquida

Se mezclan las galletas, azúcar y mantequilla con un tenedor. Se coloca en un molde desmontable presionando hacia el fondo. Se hornea a 175°C ó 325°F durante 10 minutos. Los demás ingredientes se muelen en la licuadora y se vacían encima de la galleta. Se refrigera durante varias horas y se adorna con mermelada de cereza, fresa o zarzamora.

PAY DE LIMÓN HELADO "NORMA"

Se procede igual que en la receta anterior sólo que se le agrega el jugo de 8 limones y la raspadura de 2 en lugar de la vainilla. Se espolvorea con galletas molidas o se adorna con merengue.

MERENGUE

3 claras de huevo batidas a punto de turrón*
⅛ cucharadita de cremor tártaro
4 cucharadas de azúcar

Las claras se baten con el crémor tártaro a velocidad máxima de la batidora, cuando se formen picos suaves se añade poco a poco el azúcar hasta formar picos duros y brillantes. Se coloca encima del pay, sellando todas las orillas. Se mete al asador o a la máxima temperatura del horno a que sólo se doren las puntas de los picos. Se mete al congelador.

PAY DE MANZANA (DOBLE COSTRA)

9 tazas de manzanas rebanadas
½ taza de agua
1 cucharada de jugo de limón
1 cucharada de mantequilla
1½ tazas de azúcar

Se cuecen las manzanas en la miel preparada con los demás ingredientes; una vez cocidas se cuelan, se enfrían un poco y se colocan en el molde forrado con una de las costras. Se ponen trocitos de mantequilla. Se tapa con la otra costra bien picada con el tenedor o haciendo algunos cortes decorativos para permitir salir el vapor. Horno de 200°C ó 425°F durante 30 minutos o hasta que dore. La miel se sigue hirviendo hasta que espesa y después se vacía sobre el pay ya horneado.

PASTEL CHIFFÓN DE NARANJA

1 ½ tazas de harina cernida
1 taza de azúcar
1 cucharadita de levadura en polvo
½ cucharadita de sal
¼ de taza de aceite de maíz
4 yemas
½ taza más 1 cucharada de agua fría
½ cucharadita de vainilla
½ cucharadita de extracto de almendras
4 claras
½ cucharadita de crémor tártaro

Se ciernen a un tazón la harina, azúcar, levadura y sal. Se hace un pozo en el centro y se combina el aceite, yemas, agua, vainilla y extracto de almendra; se añade a los ingredientes secos y se baten por 4 minutos con la batidora eléctrica. Las claras se baten por separado a punto de turrón* con el crémor tártaro y se incorporan suavemente a la otra mezcla. Se hornea en un molde de corona durante 45 minutos a horno de 170ºC ó 350ºF. Se enfría y se cubre con lo siguiente:

1 naranja, la raspadura y el jugo
2 cucharadas de harina
½ taza de azúcar
2 huevos batidos
1 taza de crema dulce batida

Se mezclan el azúcar y la harina y se añade el jugo de naranja. Se cocina a fuego lento hasta espesar, revolviendo constantemente. Se le añaden los huevos batidos y se cuece durante unos minutos más. Se agrega la raspadura y ya fría, se le incorpora envolviendo, la crema batida.

PASTEL RÁPIDO DE NUEZ "PAT"

1 taza de nuez molida en la licuadora
1 lata de leche condensada
1 paquete de chocolate de repostería derretido
4 huevos

Una vez molida la nuez, se ponen los demás ingredientes en la licuadora a mezclarlos bien. Se añade la nuez. Se engrasa un molde y se vacía la masa.

Se hornea a 200°C ó 400°F durante 25 minutos. Cuando se enfría se puede espolvorear con azúcar glass o cocoa, o una barra de chocolate rallado; también se puede cubrir con crema batida:

¼ de litro de crema dulce
½ taza de azúcar glass cernida
1 cucharadita de vainilla

Se bate la crema hasta que empiece a endurecer; se añade el azúcar y por último la vainilla; se sigue batiendo hasta que haga picos duros.

PASTEL DE QUESO CON ZARZAMORA "ARACELI"

PASTA

300 gramos de harina cernida
1 cucharadita de levadura en polvo
4 cucharadas de azúcar
1 huevo
150 gramos de mantequilla fría
agua helada (opcional)

En una mesa se cierne la harina con la levadura; se hace un pozo en el centro donde se revuelve el azúcar con el huevo. Se agrega la mantequilla en pedazos y con las manos se une hasta formar una bola; en caso de necesitarse, se utilizará un poco de agua helada para juntarla bien teniendo cuidado de no manejarla demasiado. Se palotea la masa y se acomoda en un molde refractario rectangular que ha sido engrasado previamente.

RELLENO

400 gramos de requesón
½ litro de crema de dulce
4 yemas
4 cucharadas de maicena
2 cucharaditas de vainilla
½ kilo de zarzamora
2 tazas de azúcar

Se baten en la batidora todos los ingredientes menos las zarzamoras y una taza de azúcar. Se vuelcan sobre la pasta. Se hornea a 180°C ó 375°F durante 45 minutos o hasta que dore.

Las zarzamoras se lavan y se ponen a hervir en una cacerola con el azúcar restante; una vez que espese se retira de la lumbre y ya frío el pastel se cubre con esta mermelada. También se puede utilizar una mermelada comercial.

PASTEL DE CHOCOLATE DE LUXE

4 barras de chocolate para repostería
$1/3$ de taza de agua
$3/4$ de taza de mantequilla o margarina
$2 1/4$ tazas de mascabado bien apretado al medirlo
2 huevos
1 cucharadita de vainilla
$2 1/4$ tazas de harina
1 cucharadita de carbonato
$1/2$ cucharadita de sal
1 taza de agua

Se rompe el chocolate en pedazos y se coloca en una cacerola con $1/3$ de agua, moviendo hasta que el chocolate esté completamente derretido. Se enfría. Se acreman la mantequilla y el azúcar en un tazón grande hasta que estén ligeros y esponjosos. Se añaden los huevos y la vainilla. Se bate bien. Se añade el chocolate. Se ciernen la harina, el carbonato y la sal y se van añadiendo alternándolos a baja velocidad con el agua hasta mezclarlos perfectamente. Se vacía la masa a los moldes engrasados y enharinados.

2 moldes de 20 centímetros	30 - 35 minutos
2 moldes de 23 centímetros	35 - 40 minutos
2 moldes cuadrados de 20 centímetros	30 - 35 minutos

Se hornea a 170°C o 350°F

GLASEADO

$1 1/4$ tazas de azúcar
1 taza leche evaporada o crema espesa
7 barras de chocolate para repostería
$1/2$ taza de mantequilla
1 cucharadita de vainilla

Se mezclan el azúcar y la leche en una cacerola y se dejan hervir meneando constantemente. Se reduce el calor y se deja hervir por 6 minutos más sin mover. Se retira del fuego y se le añade el chocolate batiendo hasta mezclarlo perfectamente. Se agregan la mantequilla y la vainilla. Se enfría hasta que espese y se bate a acremar; se cubre el pastel. Este glaseado puede sustituirse por crema batida*.

HOJAS DE CHOCOLATE:

El chocolate se derrite a baño María* y se extiende sobre las hojas de camelia limpias (sin agua) con una espátula a formar una pasta gruesa; se refrigeran durante 3 horas, retirándolas de la hoja con cuidado. Se espolvorean con azúcar glass o cocoa adornando el pastel.

PASTEL DE CHOCOLATE CON COCO Y NUEZ

1 paquete de chocolate semiamargo para repostería
½ taza de agua hirviendo
1 taza de mantequilla o margarina
2 tazas de azúcar
4 yemas
1 cucharadita de vainilla
2 ½ tazas de harina cernida
1 cucharadita de carbonato
½ cucharadita de sal
1 taza de jocoque (o 1 taza de leche cortada con ½ cucharadita de
  jugo de limón)
4 claras batidas a punto de turrón*

El chocolate se derrite en ½ taza de agua hirviendo; se enfría. Se acrema la mantequilla con el azúcar hasta que esponje; se van añadiendo las yemas una a una sin dejar de batir y después la vainilla con el chocolate derretido. Se cierne la harina con el carbonato y la sal y se van agregando alternadamente con el jocoque batiendo constantemente hasta lograr una pasta uniforme y tersa. Se envuelven las claras hasta que no se vea ni una mancha blanca. Se engrasan y enharinan o espolvorean con azúcar dos moldes de 20 ó 23 centímetros. Se hornea a 175°C ó 350°F por 30 a 35 minutos. Cuando esté frío se rellena y se cubre con lo siguiente:

2 tazas de leche evaporada
2 tazas de azúcar
6 yemas batidas ligeramente
1 taza de mantequilla o margarina
1 cucharadita de vainilla
1 ½ tazas de coco rallado
2 tazas de nuez quebrada

Se mezclan la leche, el azúcar, yemas, mantequilla y vainilla en una cacerola. Se pone a la lumbre a calor medio moviendo constantemente con la pala de madera hasta espesar, alrededor de 12 minutos. Se retira del fuego y se añaden el coco y las nueces. Con esta mezcla se rellena y se cubre el pastel.

PASTEL VOLTEADO

⅓ *taza de mantequilla*
½ *taza mascabado*
1 *lata de piña en rebanadas*
cerezas en almíbar cortadas a la mitad

Se derrite la mantequilla y se pone en un molde, se le espolvorea el mascabado y se acomodan las rebanadas de piña y las cerezas. Se cubre con la siguiente mezcla:

2 *huevos*
⅔ *de taza de azúcar*
6 *cucharadas del almíbar de la piña*
1 *cucharadita de vainilla*
1 *taza de harina*
¼ *de cucharadita de levadura en polvo*
¼ *de cucharadita de sal*

Se baten los huevos y se les agrega el azúcar, el jugo de piña y la vainilla. La harina se cierne con la levadura y la sal y se mezcla perfectamente a lo anterior vaciándolo en el molde. Se mete a horno moderado de 175°C ó 350°F por 45 minutos. Se voltea sobre un platón cuando esté tibio.

PASTEL LIGERO "PALOMA"

¼ *de kilo de mantequilla o margarina*
1 ¼ *tazas de azúcar*
2 *huevos*
2 *tazas de harina*
½ *cucharadita de carbonato*
1 *cucharadita de levadura en polvo*
1 *taza de crema agria*
½ *taza de pasas*
1 *cucharadita de vainilla*

Se acrema la mantequilla con el azúcar y se van agregando los huevos uno
a uno. La harina se cierne con el carbonato y los polvos de hornear y se va
incorporando a la masa alternando con la crema. Se vacía la mitad de la pasta
en un molde y se le pone la mitad de la cubierta y las pasas. Se vierte el resto
y se espolvorea con la otra mitad de la cobertura.

COBERTURA

5 cucharadas de azúcar
2 cucharaditas de canela en polvo
$^1/_2$ taza de nueces picadas

Se mezcla todo y se hornea por 45 minutos a 170°C ó 350°F.

GALLETAS

Para la preparación de las galletas (golosina deliciosa para chicos y grandes) se deben tomar varias cosas en consideración. Hay varios tipos de galletas, unas requieren varias horas de refrigeración y otras se pueden preparar en el momento. Primero hay que leer la receta cuidadosamente, sacar los ingredientes y utensilios necesarios y después empezar paso a paso su preparación siguiendo la receta al pie de la letra. Más adelante, cuando ya se tenga más experiencia en la elaboración de los platillos, pasteles, etc., se podrán hacer algunas variaciones.

Las charolas que se emplean para hornear deben ser de aluminio, preferiblemente de bordes no muy altos. Algunas veces será necesario que se engrasen ligeramente. Si la masa contiene mucha grasa debe eliminarse al preparar las charolas.

El horno generalmente necesita una temperatura de 175°C ó 350°F, la cual se logra en 10 minutos aproximadamente. Si se necesitara menor o mayor temperatura, ésta vendrá especificada en la receta. El horno deberá estar caliente cuando se coloquen las charolas con las galletas. Se podrán colocar 2 charolas a la vez, pero a la mitad del tiempo que se requiere para su cocimiento, las charolas tendrán que cambiarse de lugar volteándolas al colocarlas de nuevo, es decir, la charola que ocupa la parilla superior bajará y la de abajo subirá. Las galletas no deben estar muy doradas; se sabrá que están cocidas cuando la parte de abajo (o suelo) tenga un tono ligeramente dorado, o insertando un palillo de madera o aluminio el cual deberá salir limpio.

Una vez que estén listas las galletas se colocarán en unas parrillas de aluminio, o rejillas, hasta que estén completamente frías, ya sea que se vayan a decorar o a guardar. Deben colocarse en las rejillas una por una y no amontonarlas porque se reblandecen. Si las galletas son de tipo duro, deberán guardarse en frascos de cristal o cajas de aluminio que cierren herméticamente. De lo contrario, si son suaves, habrá que ponerlas en utensilios de plástico. Para que no se sequen se coloca dentro una manzana, la cual deberá cambiarse cada 2 semanas aproximadamente.

Hay galletas que se pueden congelar durante mucho tiempo, de ser así, se deben poner en charolas de plástico o cartón, cubriéndose con papel de estaño o plastificado. Se recomienda ponerles la fecha y una referencia para distinguirlas más adelante.

EMPAREDADOS "ADELITA"

200 gramos de harina
¼ cucharadita de sal
50 gramos de azúcar
2 yemas
200 gramos de mantequilla
mermelada de chabacano
50 gramos de azúcar glass

Se cierne la harina. Se hace un círculo y se pone la sal, el azúcar y las yemas. Se disuelve bien con los dedos y se le añade la mantequilla. Se amasa con la raspa o dos cuchillos hasta formar una pasta suave y tersa. Se extiende con el palote y se cortan cuadritos de 6 cm × 4 cm. Se ponen sobre las latas previamente engrasadas y se meten al horno a 175°C ó 350°F por espacio de 15 minutos. Ya fríos se untan con la mermelada y se tapan. Se espolvorean de azúcar glass. Se pueden cortar diferentes figuras.

POLVORONES

350 gramos de manteca de cerdo
½ taza de azúcar glass
5 yemas
½ kilo de harina
azúcar con canela (mezcladas)

Se acrema la manteca con el azúcar pulverizada; después las yemas y la harina cernida. Se amasa con raspa o con dos cuchillos. Esta pasta debe quedar muy grasosa. Se hacen figuras con las manos. Horno 175°C ó 350°F durante 15 minutos. Ya fríos se revuelcan en el azúcar con canela.

FIGURITAS DE NARANJA

¼ de cucharadita de sal
4 tazas de harina
1 taza de mascabado
1 cucharada de raspadura de naranja
2 tazas de mantequilla o margarina
½ taza de jugo de naranja

Se mezclan la sal, harina, azúcar y respadura. Con la raspa o dos cuchillos se corta la mantequilla y se le añade a la harina hasta que quede como chícharos. Se agrega el jugo hasta que quede una masa suave. En ocasiones no se necesita poner todo el jugo. Se amasa un poco con la mano y se mete a enfriar al refrigerador por espacio de 30 minutos. Entre dos tiras de papel encerado se coloca la masa por partes y se palotea. Se extiende y se corta con diferentes cortadores. Se mete al horno a 175°C ó 350°F alrededor de 20 minutos. Estas galletas no se extienden en el horno, por lo que se pueden poner casi juntas en las charolas. Con estas proporciones se preparan aproximadamente 150 galletas. Se pueden decorar con chochitos.

MEDIAS LUNAS DE LIMÓN

1 taza de harina
½ taza de nuez picada
½ taza de azúcar mascabado
½ taza de mantequilla
1 yema
1½ cucharaditas de raspadura de limón
½ taza de azúcar granulada

Se mezclan harina y nueces (si se desea, se pueden usar nueces de Castilla secas). En un tazón grande se baten el mascabado y la mantequilla hasta que esponje y tome un color claro. Se agrega la yema y la raspadura (batiendo) y a continuación la harina hasta que esté perfectamente mezclado. Se envuelve la masa en papel encerado y se mete a enfriar al refrigerador durante varias horas. Se divide la masa en 24 pedazos. Con las manos ligeramente enharinadas se hacen cordones de aproximadamente 7 cm. Se cubren con azúcar granulada. Se colocan en charolas de horno sin engrasar ligeramente separadas. Se doblan para formar medias lunas. Horno 175°C ó 325°F durante 10 minutos o hasta que estén firmes y de color dorado. Se sacan y enfrían en las parrillas. Se pueden guardar en un frasco hermético o lata de galletas en un lugar seco.

CORONAS DE COCO

⅔ de taza de mantequilla o margarina suave
½ taza de azúcar granulada
1 cucharadita de vainilla
1 huevo
1¾ de tazas de harina
1 taza de coco rallado
chochitos plateados y betún rojo para decorar

Se baten la mantequilla y el azúcar hasta acremar. Se agregan la vainilla y el huevo. La harina y el coco se añaden hasta mezclar todo perfectamente. Se enfría en el refrigerador durante 20 minutos. Se coloca la masa en una duya de estrella y se presiona para formar coronitas, las cuales se colocan en charolas sin engrasar ligeramente separadas. Horno 175°C ó 350°F de 10 a 12 minutos o hasta que estén ligeramente doradas. Se enfrían en las parrillas. Se decoran con tres chochitos y unos puntitos de betún rojo. Cuando el betún esté seco se pueden guardar en un lugar seco dentro de una caja o frasco que cierren perfectamente.

GALLETITAS DE ALMENDRA

2 tazas de almendras hervidas, peladas y molidas
1 taza de azúcar granulada
2 claras batidas a punto de turrón*
1 cucharadita de extracto de almendra
12 cerezas para decorar
2 cucharadas de azúcar glass

Se mezclan las almendras, azúcar, claras batidas y extracto. Se forman bolitas. Se colocan separadas en una charola previamente engrasada y enharinada. Se rocían con azúcar glass. Horno 150°C ó 300°F de 15 a 20 minutos o hasta que el suelo de las galletas esté dorado. Se pican las cerezas y cuando las galletas todavía están calientes se oprimen del centro y se coloca una cereza.

GALLETAS DE NATA

½ kilo de harina
4 cucharaditas de polvos de hornear
¼ de taza de azúcar
2 tazas de nata de leche (o crema espesa)
2 huevos

Se ciernen los ingredientes secos. En la mesa se hace un círculo con ellos y se vacía la nata y los huevos amasando con la mano. Se deja reposar durante media hora. Se palotea la masa hasta que quede de un centímetro de grueso. Se cortan figuras y se barnizan con una yema batida con poca agua o leche. Se hornean en charolas engrasadas a temperatura de 175°C ó 350°F de 20 a 25 minutos.

GALLETAS DE NATA "PALOMA"

200 gramos de nata (o crema espesa)
100 gramos de azúcar
1 yema
50 gramos de mantequilla
225 gramos de harina

Se baten perfectamente la nata, el azúcar y la yema. Se añade la mantequilla y la harina. Se cortan las figuras y se aprovecha la clara ligeramente batida para barnizarlas. Hornos 175C ó 350°F durante 10 minutos. Las charolas deben estar engrasadas.

GALLETAS NAVIDEÑAS

225 gramos de mantequilla
150 gramos de azúcar glass
2 yemas
1 cucharadita de vainilla
450 gramos de harina

Se acrema la mantequilla con el azúcar; se agregan las yemas y la vainilla. Se bate hasta que la pasta quede espumosa. La harina se va añadiendo poco a poco hasta lograr una masa tersa. En una tabla enharinada se cortan figuras navideñas, las cuales se pueden decorar después. Las charolas deben estar sin engrasar. Horno 175°C ó 350°F durante 12 minutos aproximadamente.

GALLETAS DE CHOCOLATE

³/₄ de taza de azúcar
¹/₂ taza de mantequilla suave
1 huevo
³/₄ de taza de nueces molidas
¹/₂ cucharadita de canela en polvo
¹/₄ de cucharadita de cocoa amarga
¹/₄ de cucharadita de clavo en polvo
1³/₄ tazas de harina
¹/₂ cucharadita de levadura en polvo
1 taza de chochos de colores

Se acreman el azúcar y la mantequilla. Se añade el huevo y las nueces. Se mezclan los demás ingredientes con la crema. Se parte la masa a la mitad y se forman dos rollos de 3 cm de diámetro aproximadamente.

En un papel encerado se vacían los chochos y con ellos se cubre cada rollo. Se envuelven y se refrigeran durante doce horas. Se cortan en rebanadas de ½ cm y se hornean en charolas engrasadas. Horno 175°C ó 350°F alrededor de 10 minutos.

PALITOS FRANCESES DE NUEZ

2 claras
1 taza de azúcar
1 taza de nuez
1 taza de almendras

En un tazón mediano se baten las claras a punto de turrón*. Poco a poco se añade el azúcar batiendo hasta mezclar bien, pero teniendo cuidado de que no se sequen las claras. Se espolvorean las nueces y almendras finamente picadas. Se coloca el tazón sobre una cacerola con agua hirviendo y se menea la mezcla alrededor de 8 minutos o hasta que esté caliente y ligeramente endurecida. Se enfría moviendo hasta que se pueda manejar fácilmente. Para formar los palitos se toma 1 cucharadita de la mezcla y se enrolla entre las manos. Se forman de 5 cm de largo. De cuando en cuando se deben humedecer las manos para evitar que se pegue la mezcla sin mojarlas demasiado. Se colocan en charolas cubiertas con papel de estraza. Horno 175°C ó 350°F durante 10 minutos. Se dejan reposar 1 minuto, se levantan con una espátula y se colocan en las parrillas hasta que enfríen.

GALLETAS MANTEQUILLA "CHUQUI"

2⅓ tazas de harina cernida
2 yemas
200 gramos de mantequilla
3 cucharadas de azúcar

Se forma un círculo en una mesa con la harina y se ponen en el centro las yemas; se mezcla con la mano, agregándole la mantequilla, y se va incorporando con la harina. Se extiende y se cortan figuras. Se barnizan con las claras ligeramente batidas. Se colocan en charolas engrasadas. Horno 175°C ó 350°F de 10 a 12 minutos.

MANTECADAS

¼ *de kilo de mantequilla*
¼ *de kilo de azúcar*
6 huevos
250 gramos de harina
1 cucharadita de polvos de hornear
1 cucharadita de raspadura de limón y naranja

Se acreman la mantequilla, el azúcar y los huevos perfectamente hasta que la mezcla esté espumosa y suave. Poco a poco se agregan la harina, polvos de hornear y las claras a punto de nieve (o turrón)*, envolviendo solamente hasta que la harina desaparezca totalmente; se agrega la raspadura deseada y se colocan en los moldes especiales de papel. Se llenan hasta la mitad y se espolvorean con azúcar. Horno 175°C ó 350°F aproximadamente 20 minutos.

GALLETAS DE NUEZ REFRIGERADAS

½ *cucharadita de sal*
1 cucharadita de levadura en polvo
1 cucharadita de carbonato
3 tazas de harina
¾ *de taza de mascabado*
1 taza de mantequilla suave
1 taza de nuez picada finamente
1 huevo
1 cucharadita de vainilla

Se ciernen todos los ingredientes secos en un tazón. Se mezcla la mantequilla, la nuez, el huevo entero y la vainilla. Se junta con una pala de madera. Se forma una bola; se envuelve en papel encerado y se mete al refrigerador por espacio de 4 horas. Se extiende y se corta en figuras redondas. Si se desea se puede poner una mitad de nuez en cada una. Se colocan en charolas sin engrasar. Horno 175°C ó 350°F de 10 a 12 minutos.

POLVORONES DE NUEZ

350 gramos de mantequilla
400 gramos de harina
8 cucharadas de azúcar glass
250 gramos de nuez picada finamente

Se acrema la mantequilla y se van añadiendo la harina y el azúcar, dejando ¼ de taza de harina para revolverla con la nuez (con la finalidad de que ésta se reparta por toda la masa), la cual se incorpora en seguida. Se une con la mano para formar una bola. Se moldean cuernitos o rollitos. Horno 175°C ó 375°F durante 20 minutos. Se colocan en charolas sin engrasar.

CUADRITOS DE QUESO CREMA

1 queso crema grande
3 cucharadas de azúcar
2 yemas
1 cucharadita de raspadura de limón
½ kilo de pasta de hojaldre (ver "Pasta Hojaldre")
huevo para barnizar

Se acrema el queso con el azúcar y las yemas, batiendo constantemente hasta lograr una masa tersa. Se agrega la raspadura sin dejar de batir.

La pasta se extiende y se cortan cuadros de 10 × 10 cm. Se rellenan. Se pegan las esquinas cruzándolas en forma de pañuelo. Se barnizan con el huevo batido, se espolvorean de azúcar y se meten al horno. Se sirven calientes. Se pueden glasear* con azúcar glass y unas gotas de limón. Horno 175°C ó 350°F durante 20 minutos.

CUADRITOS DE MANZANA

6 manzanas peladas y cortadas en gajos
1 taza de azúcar
1 rajita de cáscara de limón
½ cucharadita de canela en polvo
½ kilo de pasta de hojaldre (ver "Pasta Hojaldre")
huevo para barnizar

Se ponen las manzanas en una cacerola con el azúcar y el limón hasta que estén prácticamente cocidas, pero no desbaratadas; se agrega la canela.

Se extiende la pasta sobre una mesa ligeramente enharinada y se corta en cuadros de 10 × 10 cm. Se rellenan con las manzanas y las puntas se unen cruzándolas en forma de pañuelo. Se barnizan y se meten a horno de 175°C ó 350°F durante 20 minutos en charolas sin engrasar. Se pueden glasear* con azúcar glass y gotas de limón.

BROWNIES

2 onzas de chocolate amargo para repostería
¹/₂ taza de manteca vegetal
³/₄ de harina cernida
³/₄ de cucharadita de sal
¹/₂ cucharadita de polvos de hornear
2 huevos
¹/₂ taza de azúcar
¹/₂ taza de miel de maíz
1 cucharadita de vainilla
1 taza de nueces quebradas

Sobre una cacerola con agua caliente (no hirviendo) se colocan en un tazón el chocolate y la manteca hasta que se derritan. Se enfrían. La harina se cierne con la levadura en polvo y la sal. Los huevos se baten hasta que espumen y se les agrega el azúcar y la miel. Se mezclan perfectamente. Se añade la harina, vainilla y nueces. Se pone la masa en un molde de 20 × 20 cm previamente engrasado y enharinado. Horno 175°C ó 350°F durante 25 minutos. Se dejan enfriar y se cortan. Si se desea se pueden espolvorear de azúcar glass.

BROWNIES DE COCO

¹/₂ cucharadita de polvos de hornear
¹/₄ de cucharadita de sal
²/₃ taza de harina
2 cuadros de chocolate amargo
¹/₃ de taza de mantequilla
2 huevos
1 taza de azúcar
¹/₂ taza de coco tostado

Se ciernen los polvos de hornear, la sal y la harina. El chocolate y la mantequilla se ponen en baño María* hasta que se derritan. Los huevos se baten con el azúcar. Cuando el chocolate se ha enfriado se agregan a él. A esta mezcla se añaden los ingredientes secos y se incorpora todo perfectamente. Se añade el coco tostado previamente en el horno. Se utiliza un molde cuadrado engrasado de 20 cm. Horno 175°C ó 350°F durante 25 minutos. Cuando están cocidos se sacan del horno y se dejan enfriar en el molde sobre una rejilla. Se cortan en cuadros. Son un poco chiclosos.

PASTITAS DE CLARAS

¼ *de kilo de mantequilla*
125 gramos de azúcar
1 limón (su raspadura)
300 gramos de harina
1 cucharadita de polvos de hornear
4 claras
mermelada de chabacano

Se acrema la mantequilla, se añade el azúcar y se sigue batiendo hasta que esponje. Se añade la raspadura y la harina cernida con los polvos de hornear. Por último se incorporan las claras a punto de turrón*. Con esto se hacen bolitas con las palmas de la mano enharinadas. Se acomodan separadas en charolas de horno sin engrasar. Se les hunde el centro con el dedo, se rellenan de mermelada y se bañan con azúcar granulada. Horno 175°C ó 350°F durante 10 minutos.

DEDOS DE ALMENDRA

200 gramos de almendras picadas finamente
½ *taza de mantequilla suave*
½ *taza de azúcar*
4 cucharadas de raspadura de limón
½ *cucharadita de extracto de almendras*
2 tazas de kirsch (licor de almendras)
6 huevos bien batidos

Las almendras se ponen a hervir un minuto; se pelan y se pican finamente. Se acreman la mantequilla, azúcar, raspadura y 2 cucharadas de almendras hasta formar una pasta suave. Se baten el extracto y el kirsch con los huevos. Se mezcla todo y se pone a enfriar en el refrigerador. Se extiende la masa de 1 cm de espesor y se corta en tiras de 5 cm de largo por 1 de ancho. Se barnizan con clara batida y las almendras picadas. Se hornean en charolas engrasadas a 175°C ó 350°F durante 10 minutos o hasta que estén ligeramente doradas.

GALLETAS SUECAS

1 taza de mantequilla
1 taza de azúcar pulverizada
2 cucharaditas de canela molida
1 cucharada de vainilla
½ cucharadita de sal
½ taza de azúcar pulverizada
2 tazas de harina cernida
1¼ de tazas de almendras molidas

Se acreman la mantequilla, la vainilla, una taza de azúcar y la sal. Se añaden las almendras y se mezcla todo perfectamente con la harina. Se hacen bolitas o cuernitos; se colocan en charolas sin engrasar. Horno a 170°C ó 325°F por espacio de 10 minutos. Las galletas no se doran. El azúcar restante se mezcla con la canela en polvo y en ella se revuelcan las galletas cuando todavía están tibias.

PLATOS DE ÚLTIMA HORA

*P*rocura tener una despensa bien surtida para que cuando tengas visitas inesperadas puedas elaborar una comida deliciosa en unos cuantos minutos. Hay alimentos que siempre debes tener: pan de caja blanco o negro, bolillo, jamón o alguna otra carne fría que ocupes con frecuencia; queso para derretir, crema, tortillas, jitomate, lechuga, huevos y, ¡despreocúpate! Tu comida está lista.

NOTAS PRÁCTICAS

- Cuando ciernas harina o azúcar glass usa papel encerado o toallas de papel en lugar de un plato.

- Si la mantequilla está muy dura, suavízala con una cucharada de agua caliente.

- Cuando prepares sandwiches, suaviza la mantequilla, queso crema, margarina, etc., con una cucharada de crema o algún aderezo para ensaladas.

- El pan que utilices para los sandwiches debe ser del día anterior para facilitar su preparación.

- Para conservar los sandwiches frescos, basta cubrirlos con una toalla de cocina húmeda.

PALITOS DE QUESO

6 rebanadas de pan blanco
2 cucharadas de mantequilla derretida
3 cucharadas de queso parmesano rallado

Se descostra el pan y se cortan tiras de 1 cm de ancho. Se revuelcan en la mantequilla y después en el queso. Se doran ligeramente en el horno. Son magníficos para acompañar las sopas.

TORTILLITAS POBLANAS

100 gramos de mantequilla
3 chiles poblanos o serranos en rajas
18 tortillas delgadas (en tiritas)
sal y pimienta al gusto
¼ de litro de crema
2 ramas de epazote

En la mantequilla se fríen los chiles y después las tortillas picadas (sólo se remojan) evitando que se endurezcan. Se sazona, se agrega la crema y el epazote y se sirve de inmediato.

DIAMANTES DE PASTA HOJALDRADA

¼ de kilo de pasta hojaldrada (de venta en panaderías, pastelerías y supermercados) (ver "Pasta Hojaldre")
1 huevo batido
½ taza de azúcar
1 cucharadita de canela en polvo (opcional)

La pasta se extiende con el palote hasta que se obtenga una lámina muy delgada. Con una brocha se barniza con el huevo y se espolvorea de azúcar o azúcar con canela. Se corta en forma de diamantes de aproximadamente 3 cm y se hornea a calor mediano de 15 a 30 minutos o hasta que adquiera un color dorado. Se dejan enfriar en las rejillas y se acomodan en un platón.

GALLETAS DE COCO

6 rebanadas de pan blanco
1 lata chica de leche condensada
1 taza de coco rallado o ½ taza de nuez picada

Se descostra el pan y se cortan tiras de 1 cm de ancho. Se bañan con la leche y se revuelcan en el coco, nuez, etc. Se doran ligeramente en el horno.

SOUFFLÉ DE QUESO Y JAMÓN

2 cucharadas de mantequilla
1 taza de leche
12 rebanadas de pan blanco
6 huevos
¼ de litro de crema
sal y pimienta
200 gramos de queso Manchego rallado
200 gramos de jamón cocido rebanado

Se derrite la mantequilla y se le agrega la leche; en esta mezcla se mojan las rebanadas de pan y se colocan en un platón refractario. Se baten los huevos con crema, sal y pimienta; el queso y el jamón se colocan en la primera tapa de pan, se vacía la mitad de la crema y se colocan en el mismo orden una vez más. Se cubre de queso rallado y se mete al horno durante media hora a (175°C ó 350°F). Se sirve con una ensalada.

PIZZA

6 rebanadas de pan blanco
2 cucharaditas de orégano
½ kilo de queso Oaxaca deshebrado
2 jitomates picados
1 cucharada de cebolla rebanada finamente
2 cucharadas de aceite de oliva

Se colocan las rebanadas de pan en un molde refractario previamente untado de mantequilla. Se va colocando el queso, jitomate y cebolla, y se espolvorea con orégano, sal y pimienta. Antes de meterse al horno se le agrega un poco de aceite de oliva y crema. Horno 175°C ó 350°F, a gratinar*.

BUDÍN DE TAMAL

6 tamales verdes
¹/₈ de litro de crema (o leche evaporada)
1 taza de queso rallado

Se rebanan los tamales. Si tienes sobrantes de verduras verdes como espinacas, calabazas, etc., o un poco de pollo o carne, puedes poner una capa de estos ingredientes. Si no, sólo se vacía la crema y se espolvorea el queso rallado. Se mete a horno mediano a gratinar*.

CUADRITOS DE CHORIZO

1 lata de frijol refrito o frijoles hechos en casa
1 chile chipotle adobado
6 tortillas cortadas en cuadritos
1 chorizo
¹/₄ de taza de aceite

En el aceite se fríen las tortillas y el chorizo hasta que adquieran una consistencia suave. Se añaden el chorizo y el chipotle. Se calientan los frijoles y se sirven con la preparación anterior.

SANDWICH DE HUEVO

1 pan de caja blanco o integral
6 huevos cocidos picados
1 cucharada de cebolla picada finamente
¹/₄ de cucharadita de sal
¹/₄ taza de apio picado finamente
¹/₃ de taza de mayonesa
pimienta

Se mezclan todos los ingredientes y se rellenan los panes.

SANDWICH DE ATÚN

8 rebanadas de pan de caja blanco o integral
1 lata de atún sin líquido
½ taza de mayonesa
¼ de taza de pepinos agrios picados finamente
¼ de cucharadita de sal

Se pueden utilizar chiles en vinagre picados en lugar de los pepinillos. Se mezclan todos los ingredientes y se rellenan los sandwiches.

SANDWICH DE ENSALADA DE POLLO

12 rebanadas de pan de caja blanco o integral
1 taza de pechuga cocida y picada
¼ de cucharadita de sal
¼ de taza de mayonesa
2 rajas de chile en vinagre picadas
½ taza de apio picado
⅛ de cucharadita de pimienta
1 huevo cocido picado
2 cucharadas de lechuga picada

Se mezclan todos los ingredientes y se rellenan los sandwiches.

SANDWICH DE JAMÓN Y QUESO

12 rebanadas de pan de caja blanco o integral
50 gramos de mantequilla
2 cucharadas de mostaza
6 rebanadas de jamón
6 rebanadas de queso amarillo

Se untan los panes con mantequilla y mostaza y se colocan las rebanadas de jamón y queso. Si se van a servir fríos se pueden agregar rebanadas de aguacate y jitomate espolvoreados de sal, y un poco de lechuga. Si se quieren gratinados, estos últimos ingredientes se deben añadir cuando los sandwiches ya se hayan dorado en el horno.

En caso de no tener horno primero se doran los panes en un comal y después se rellenan con todos los ingredientes. También se pueden añadir rajas de chiles en vinagre.

MOLLETES

4 bolillos
1¹/₂ tazas de frijoles refritos
100 gramos de queso rallado
salsa mexicana

Se cortan los bolillos a la mitad, se les quita la miga y se untan con los frijoles. Se espolvorea queso y se meten al horno a gratinar*. Se les añade la salsa encima.

SALSA MEXICANA

2 jitomates pelados y picados
3 chiles serranos picados
1 cucharadita de cebolla picada finamente
¹/₄ de cucharadita de sal
4 ramas de cilantro picadas finamente

Se mezclan perfectamente todos los ingredientes.

MOLLETES DULCES

4 bolillos partidos a la mitad
100 gramos de mantequilla
¹/₂ taza de azúcar granulada

Se quita el migajón a los bolillos y se untan generosamente con la mantequilla, procurando que ésta llegue hasta las orillas. Se espolvorean con bastante azúcar y se meten al horno durante 20 minutos.

PECHUGAS "CORDON BLEU"

4 pechugas aplanadas (salen 8)
200 gramos de queso Manchego o Chihuahua en rebanadas
¹/₄ de kilo de jamón rebanado
1 huevo batido con 1 taza de leche
sal y pimienta
1 taza de pan molido o 1 taza de Corn Flakes molidos

Las pechugas se rellenan con el queso y el jamón y se doblan como quesadillas o se enrollan, deteniéndolas con palillos. La leche se bate perfectamente bien con un tenedor añadiéndole el huevo, sal y pimienta. Las pechugas se mojan en el batido y se revuelcan en el pan o Corn Flakes molidos. Se fríen en aceite caliente y se colocan en servilletas de cocina con el fin de quitarles la grasa sobrante.

También se pueden meter al horno de microondas por espacio de 8 minutos, colocándolas en un plato y tapándolas con papel plástico adhesivo.

TAQUITOS DE QUESO AL HORNO

2 tazas de leche
100 gramos de mantequilla
sal y pimienta
1 pan de caja
¼ de kilo de queso amarillo rebanado
150 gramos de tocino

Se mezcla la leche con la mantequilla, agregando sal y pimienta. El pan se va mojando en esta mezcla solamente por un lado. El queso y el tocino se cortan en tiras delgadas.

Cuando el pan ya está mojado se agrega el queso por el lado que no está mojado y se enrolla. Los taquitos se amarran con el tocino. Se meten al horno de 175°C ó 350°F durante 15 a 20 minutos y se sirven calientes.

INDIOS VESTIDOS

150 gramos de jamón
150 gramos de queso Oaxaca, Manchego, Chihuahua, etc.
10 tortillas
salsa verde base
cilantro
4 chiles serranos
2 huevos
sal y pimienta
¼ de taza de aceite
palillos de madera

Se pone una rebanada de jamón y otra de queso en medio de 2 tortillas. Se cortan en 4 pedazos y se aseguran con los palillos. A la salsa base se le agregan 4 ramitas de cilantro y los chiles y se muele en la licuadora. Se separan las yemas y se baten con un tenedor agregándoles sal y pimienta. Las claras se baten a punto de turrón* y se incorporan las yemas sólo a que envuelvan. Se calienta el aceite y se van friendo las tortillas previamente capeadas*. Se escurre el aceite sobrante y ahí se calienta la salsa dejándola dar unos hervores. Las tortillas se bañan con esta salsa.

TORTAS COMPUESTAS

6 bolillos o teleras
1 pechuga grande de pollo cocida y deshebrada
100 gramos de queso panela rebanado
200 gramos de jamón o cualquier carne fría (queso de puerco, mortadela, milanesa, etc.)
1 taza de frijoles refritos
1 taza de lechuga picada
1 jitomate grande sin pellejo y rebanado
1/8 litro de crema
1 lata chica de chiles chipotles adobados
2 aguacates rebanados

Se corta el pan a la mitad, se saca la miga y se unta de frijoles. Se van colocando: la lechuga, la carne o pollo, jitomate, queso, aguacate, chipotle y crema. Se meten a horno caliente durante 10 minutos.

STRUDEL DE POLLO Y HONGOS

1 kilo de hongos
4 cucharadas de perejil
2 cucharadas de cebollín picado
1/4 de taza de jerez seco
2 cucharadas de mantequilla
1/2 cebolla rebanada finita
3 chiles poblanos en rajas*
2 pechugas cocidas y deshebradas
1/4 de litro de crema
1 kilo de pasta hojaldrada (ver "Pasta Hojaldre")
1 huevo batido
125 gramos de queso rallado

Se rebanan los hongos y se mezclan el perejil, cebollín, jerez y se fríen en las 2 cucharadas de mantequilla. Se tapan y se cuecen por 15 minutos. Se sazonan*. En las otras 2 cucharadas de mantequilla se fríe la cebolla hasta acitronarla*, agregando después las rajas, el pollo y la crema a que dé unos hervores. Se sazona* y se deja enfriar.

La pasta se extiende con el rodillo a formar un rectángulo y se barniza con la mitad del huevo. Se colocan el pollo y los hongos y se espolvorea con el queso. Se enrolla y se barniza con el huevo restante. Se pica en diferentes lugares con un tenedor para permitir escapar el vapor. Se coloca en una charola de horno y se cuece por espacio de 25 a 30 minutos a calor mediano (175°C ó 350°F). Se sirve caliente.

EMPANADA DE JAMÓN Y QUESO

½ *kilo de pasta hojaldrada (ver "Pasta Hojaldre")*
1 huevo batido
¼ *de kilo de jamón rebanado*
¼ *de kilo de queso rebanado*

La pasta se extiende a formar un círculo. Se barniza con la mitad del huevo y se colocan el jamón y el queso. Se dobla a la mitad como empanada y se pica en diferentes lugares con un tenedor; igualmente se presionan las orillas para pegarlas. También se pueden hacer empanaditas individuales. Se barniza con el huevo restante. Se coloca en una charola y se hornea a 175°C ó 350°F por espacio de 25 a 30 minutos o hasta que insertando un palillo o broqueta ésta salga limpia.

EMPANADA DE CAMARONES

½ *cebolla chica rebanada delgada*
*2 chiles poblanos en rajas**
2 cucharadas de mantequilla
½ *kilo de camarón cocido y limpio (ver pescados)*
½ *kilo de pasta hojaldrada (ver "Pasta Hojaldre")*
1 taza de puré base de jitomate
1 huevo batido

Se acitrona* la cebolla; se agregan las rajas y se fríen ligeramente con los camarones. Se añade el puré y se sazona* dejándolo hervir por unos minutos. Se deja enfriar.

Se extiende la pasta a formar un círculo. Se barniza con la mitad del huevo.

Se acomodan los camarones encima de la pasta a un centímetro de la orilla, doblándola a formar una empanada. Con un tenedor se pica en varios lados y se presionan las orillas para sellarla. Se coloca sobre una charola de horno y se cuece a horno mediano (175°C ó 350°F) por espacio de 25 a 30 minutos o hasta que dore.

ÍNDICE

Acelgas con papas, 101
Aderezos para ensaladas, 55
Albóndigas, 126
Albóndigas con chipotle adobado, 126
Albóndigas con chipotle seco, 126
Allioli ''Isabel'', 57
Antojitos mexicanos, 29
Arroz, 86
Arroz amarillo, 89
Arroz au gratín, 90
Arroz blanco, 87
Arroz con elotes y rajas, 89
Arroz con leche, 149
Arroz con naranja, 89
Arroz con pollo, 91
Arroz negro, 88
Arroz rojo, 88
Arroz verde, 88
Asado de San Francisco, 135

Bavaresa de chocolate, 156
Bavaresa de mango, 156
Bechamel o blanca, 52
Beso siciliano, 39
Bisteces de carne molida ''Pacholas'', 125
Bisteces empanizados, 125
Bisteces encebollados, 124
Blintzes-crepas con queso, 155
Bloody Mary, 38
Bloque o corona de hielo, 39
Bocadillos, 21
Bocadillos de queso, 21
Brócoli, 100
Brownies, 185
Brownies de coco, 185
Budín de flor de calabaza, 63

Budín de tamal, 192
Buñuelos de elote, 99

Café, 31
Caldo base para sopas, 76
Caldo de pollo, 75
Caldo ranchero, 81
Camotes amarillos con miel, 104
Capirotada, 154
Carne asada, 124
Carnes y pollo, 123
Cáscaras de papa con tocino, 103
Cerezas con tocino, 29
Cocada, 148
Cocktail de novia, 35
Compota de papaya y naranja, 147
Conchas de camarones frescos, 113
Conchas de jaiba, 113
Conchas de jaiba ''Paloma'', 114
Conchas de pescado, 113
Conoce tus hierbas, 18
Copos de nieve, 149
Corona de chicozapote, 147
Corona de frijoles ''Socorro'', 69
Corona de frutas, 161
Corona de higos, 147
Corona de jamón ''Julia'', 134
Coronas de coco, 179
Cow shot, 37
Crema de Nantes, 145
Crema de queso con calabacitas y elotes, 85
Crema fría de berros, 86
Crema pastelera, 153, 166
Crepas, 154
Crepas de cajeta, 155
Croquetas con pollo, 143

Cuadritos de chorizo, 192
Cuadritos de manzana, 184
Cuadritos de queso crema, 184
Cuaresmeños rellenos de atún, 24
Cuba libre, 37
Cuete en frío, 130
Cuete en vinagreta "Chuqui", 131

Chalupas y sopes, 71
Chicharrón, 71
Chilaquiles poblanos, 59
Chilaquiles rojos, 60
Chilaquiles verdes, 59
Chiles en nogada, 67
Chiles fingidos, 67
Chiles rellenos, 66
Chocolate, 32

Daiquirí (de limón o fresa), 36
Dedos de almendra, 186
Dedos empanizados, 118
Delicia de atún, 119
Diamantes de pasta hojaldrada, 190
Dip "confeti", 27
Dip de aguacate, 27
Dip de atún, 27
Dip de chipotle, 28
Dip de ostiones ahumados, 26
Dip de queso parmesano, 26
Dip de sardinas, 28
Dulce de zapote, 153

Egg-nog, 34
Elotes cocidos, 97
Elotes con calabacitas y carne de puerco, 98
Elotes con rajas, 98
Emparedados "Adelita", 178
Empuje de res con cerveza, 130
Enchiladas con nata, 61
Enchiladas de mole, 60
Enchiladas de mole con chicharrón, 73
Enchiladas verdes o rojas, 60
"En las rocas", 38
Ensalada de aguacate y queso, 109
Ensalada de atún, 107
Ensalada de berros y naranja, 105
Ensalada de camarones, 108
Ensalada de espinacas, 105
Ensalada de huevo, 22
Ensalada de lechuga, 106
Ensalada de mozzarella y jitomate, 109
Ensalada de nopales, 101
Ensalada de papas, 102
Ensalada de pavo y fruta, 107
Ensalada de pepinos a la francesa, 106
Ensalada de pepinos con eneldo, 106
Ensalada de pimientos, 108
Ensalada de pollo, 107

Falda "ranchera", 129
Fideo azteca, 81

Figuritas de naranja, 178
Filete al horno, 132
Filete con mostaza, 132
Filete tampiqueña, 131
Filetes de pescado rebozados, 114
Filetes de sol con nueces (lenguado), 115
Flan, 146
Flan con frutas "Irma", 146
Frijoles de la olla, 68
Frijoles "Esther", 69
Frijoles negros, 68
Frijoles puercos "Lucila", 69
Frijoles rancheros, 68
Frijoles refritos, 68
Fruta en almíbar, 148

Galletas, 177
Galletas de coco, 191
Galletas de chocolate, 181
Galletas de nata, 180
Galletas de nata, "Paloma", 181
Galletas de nuez refrigeradas, 183
Galletas mantequilla "Chuqui", 182
Galletas navideñas, 181
Galletas suecas, 187
Galletitas de almendra, 180
Gazpacho, 86
Gelatina de cajeta "Becky", 155
Gelatina de coco "Yaya", 152
Gelatina de frutas, 151
Gelatina de moscatel, 151
Gelatina de piña "Julia", 152
Gelatinas, 151
Gimlet, 36
Gin o vodka tonic, 39
Guacamole, 23
Guacamole con granada, 23
Guacamole sencillo, 23

Hamburguesas, 125
Hígado con tocino, 134
Hígado encebollado, 133
Hojaldras con chorizo, 29
Hojaldre con frutas, 166
Honolulú, 37
Huachinango al mojo de ajo, 112
Huachinango con mostaza y crema, 111
Huachinango o robalo en salsa de uvas, 112
Huevos, 41
Huevos ahogados, 44
Huevos a la mexicana, 46
Huevos cocidos, 41
Huevos con crema "Eddie", 46
Huevos con chorizo, 42
Huevos con jamón, 42
Huevos con machaca, 45
Huevos con rajas, 45
Huevos con tocino, 42
Huevos "Esther", 44

Huevos estrellados, 43
Huevos poché, 42
Huevos rancheros, 44
Huevos rellenos, 43
Huevos revueltos, 42
Huevos tibios, 41

Indios vestidos, 195
Introducción, 13

Jamón o chuletas ahumadas con piña, 137

Lasagna, 92
Lomo con costilla en acordeón, 135
Lomo de puerco con Coca-Cola, 137
Lomo de puerco con champiñones, 136
Lomo de puerco con chipotle, 136
Lomo de puerco en naranja, 136
Lomo de puerco en verde, 137

Manhattan, 35
Mantecadas, 183
Manzanas al horno, 153
Margarita, 35
Martini seco, 35
Mayonesa casera, 56
Medias lunas de limón, 179
Migas y sopa de ajo, 83
Milanesas, 124
Molletes, 194
Molletes dulces, 194
Mortadela con chipotle, 134
Mortadela con rajas, 134
Mousse de aguacate, 24
Mousse de atún, 115
Mousse de fresa "Mayalen", 156
Mousse de mariscos, 116

Nachos, 22
Natillas, 149
Nopales con charales, 100
Notas prácticas, 159, 189

Old-fashioned, 37
Omelets, 47

Palitos de queso, 190
Palitos franceses de nuez, 182
Pan de manzana, 164
Pan de manzana y nuez, 164
Pan de plátano y nuez, 162
Panes y pasteles, 159
Panqué básico, 161
Panqué de chocolate, 163
Panqué de dos yemas, 163
Papa con champiñones, 102
Papas al horno, 104
Papas francesas, 103
Papas gratinadas, 102
Pasta, 92

Pasta hojaldre, 165
Pastel chiffón de naranja, 170
Pastel de carne, 127
Pastel de chocolate con coco y nuez, 173
Pastel de chocolate de luxe, 172
Pastel de pescado, 117
Pastel de pobre, 71
Pastel de queso con zarzamora
    "Araceli", 171
Pastel ligero "Paloma", 174
Pastel mil hojas, 165
Pastel rápido de nuez "Pat", 170
Pastel volteado, 174
Pastelitos para té, 150
Pastitas de claras, 186
Pay, 167
Pay de limón "Norma", 169
Pay de manzana (doble costra), 169
Pay de piña, 168
Pay de queso rápido, 168
Pechugas con cerveza, 142
Pechugas con naranja, 141
Pechugas con nuez, 142
Pechugas en chipotle, 141
Pechugas en salsa verde, 141
Pechugas parmesanas, 140
Pechugas "Cordon Bleu", 194
Peneques, 71
Pescado en salsa Excélsior, 116
Pescado relleno "Soco", 117
Pescados y mariscos, 111
Picadillo, 127
Pilaf de limón, 90
Piña colada, 38
Pisto verde, 97
Pizza, 191
Pizzitas, 28
Platillos mexicanos, 59
Platos de última hora, 189
Polvorones, 178
Polvorones de nuez, 183
Pollo a la montañesa, 139
Pollo a la uva, 140
Pollo empanizado, 139
Pollo en chícharo, 138
Pollo en salsa de champiñones, 139
Pollo Hong Kong, 138
Ponche caliente, 33
Ponche de fresa, 33
Ponche de limón "Adelita", 32
Ponche feliz, 33
Ponches y bebidas, 31
Postres fáciles de fruta, 147
Postres, 145
Pozole, 64
Puchero, 83
Pulpos en escabeche "Gloria", 120
Pulpos marinera, 120
Puré base de jitomate, 49, 76
Puré de camote, 104

Puré de camote con
    malvaviscos, 104
Puré de camote con naranja, 105
Puré de papas, 103

Quesadillas, 61
Quesadillas sincronizadas, 63
Queso con ajonjolí "Amalia", 25
Queso con epazote, 25
Queso Roquefort, 25
Queso "Valeria", 26
Quiche Lorraine, 46

Rajas, 99
Res en trozo, 128
Revoltijo, 72
Roast beef, 127
Rob Roy, 36
Robalitos con tocino, 118
Rollo de manzana, 166
Ropa vieja, 128

Salmón ahumado, 121
Salpicón, 129
Salsa borracha, 57
Salsa campesina, 56
Salsa curry "Dora", 54
Salsa champurrada, 51
Salsa de chipotle, 51
Salsa de queso, 51
Salsa de tomate verde, 50
Salsa holandesa rápida, 53
Salsa mexicana, 50, 194
Salsa para carnes frías, 52
Salsa para pescado, 52
Salsa roja, 50
Salsa suprema, 54
Salsa tártara, 54
Salsa verde base, 49
Salsas, 49
Sandwich de atún, 193
Sandwich de ensalada de pollo, 193
Sandwich de huevo, 192
Sandwich de jamón y queso, 193
Sandwiches de pepino, 22
Sopa de apio, 78
Sopa de cabitos de acelga, 84
Sopa de cola de res, 84
Sopa de elote, 80

Sopa de espinaca, 79
Sopa de flor de calabaza, 80
Sopa de hongos "Paloma", 82
Sopa de lechuga, 78
Sopa de lenteja, 80
Sopa de letras, 77
Sopa de pescado, 79
Sopa de poro y papa, 78
Sopa de queso, 79
Sopa de verduras, 77
Sopa de zanahoria, 78
Sopas, arroz y pasta, 75
Soufflé de arroz, 91
Soufflé de queso y jamón, 191
Spaghetti bolognesa, 93
Spaghetti con jitomate, 93
Strudel de pollo y hongos, 196

Tacos, 70
Tallarín con crema, 93
Tamales, 65
Taquitos de queso al horno, 195
Taquitos de semillas de calabaza
    (papadzules), 72
Tartaletas de fruta, 150
Té, 31
Té de hierbas (tisana), 32
Términos culinarios, 15
Ternera con almendras, 133
Tinga, 130
Tom Collins, 38
Tom y Jerry, 34
Torta de elote, 98
Torta de elote con carne
    de puerco y rajas, 99
Tortas compuestas, 196
Tortas marinas, 28
Tortillitas poblanas, 190
Tortitas de camarón seco, 72
Tortitas de coliflor, 100
Tostadas, 70

Verduras y ensaladas, 95
Vichyssoise, 85

Whisky sour, 36

Zarzuela de pescado y mariscos
    "Estrella", 119

MIS RECETAS

INGREDIENTES	PREPARACIÓN

INGREDIENTES	PREPARACIÓN

INGREDIENTES

PREPARACIÓN

INGREDIENTES

PREPARACIÓN

INGREDIENTES

PREPARACIÓN

INGREDIENTES

PREPARACIÓN

INGREDIENTES

PREPARACIÓN

INGREDIENTES

PREPARACIÓN

INGREDIENTES	PREPARACIÓN

INGREDIENTES	PREPARACIÓN

INGREDIENTES	PREPARACIÓN

INGREDIENTES

PREPARACIÓN

INGREDIENTES

PREPARACIÓN

INGREDIENTES

PREPARACIÓN

ESTA OBRA SE TERMINÓ DE IMPRIMIR EL DÍA
20 DE NOVIEMBRE DE 1992, EN LOS TALLERES DE
IMPRENTA MADERO, S.A.
AVENA 102, MÉXICO, D.F.

LA EDICIÓN CONSTA DE 5,000 EJEMPLARES
Y SOBRANTES PARA REPOSICIÓN

544